三十六计

［明］佚名 著

中国友谊出版公司

图书在版编目（CIP）数据

三十六计 / (明) 佚名著. -- 北京 ：中国友谊出版公司，2022.4（2024.7重印）

ISBN 978-7-5057-5416-4

Ⅰ. ①三… Ⅱ. ①佚… Ⅲ. ①兵法－中国－古代 Ⅳ. ①E892.2

中国版本图书馆CIP数据核字(2022)第025699号

书名　三十六计

作者　[明]佚名

出版　中国友谊出版公司

发行　中国友谊出版公司

经销　新华书店

印刷　天津丰富彩艺印刷有限公司

规格　880毫米×1230毫米　32开

　　　7.5印张　140千字

版次　2022年4月第1版

印次　2024年7月第2次印刷

书号　ISBN 978-7-5057-5416-4

定价　36.00元

地址　北京市朝阳区西坝河南里17号楼

邮编　100028

电话　(010) 64678009

目录

附录部分

FULU BUFEN

原序

用兵如孙子，策谋三十六。

六六三十六，数中有术，术中有数。阴阳燮理，机在其中。机不可设，设则不中。

按语

解语重数不重理。盖理，术语自明；而数，则在言外。若徒知术之为术，而不知术中有数，则数多不应。且诡谋权术，原在事理之中，人情之内。倘事出不经则诡异立见，诧事惑俗而机谋泄矣。或曰：在三十六计中，每六计成为一套，第一套为胜战计，第二套为敌战计，第三套为攻战计，第四套为混战计，第五套为并战计，第六套为败战计。

三十六计

三十六

第一套　胜战计

第一计 瞒天过海

备周则意怠，常见则不疑。阴在阳之内，不在阳之对。太阳，太阴。

按语

阴谋作为，不能于背时秘处行之。夜半行窃，僻巷杀人，愚俗之行，非谋士之所为也。如开皇九年，大举伐陈。先是弼请缘江防人，每交代之际，必集历阳，大列旗帜，营幕蔽野。陈人以为大兵至，悉发国中士马，既而知防人交代，其众复散。后以为常，不复设备。及若弼以大军济江，陈人弗之觉也，因袭南徐州，拔之。

第二计 围魏救赵

共敌不如分敌，敌阳不如敌阴。

按语

治兵如治水。锐者避其锋，如导疏；弱者塞其虚，如筑堰。故当齐救赵时，孙子谓田忌曰：“夫解杂乱纠纷者不控拳，救斗者不搏击。批亢捣虚，形格势禁，则自为解耳。”

第三计 借刀杀人

敌已明，友未定，引友杀敌，不自出力，以损推演。

按语

敌象已露，而另一势力更张，将有所为，便应借此力以毁敌人。如郑桓公将欲袭郐，先向郐之豪杰、良臣、辨智、果敢之士尽书姓名，择郐之良田赂之，为官爵之名而书之，因为设坛场郭门之处而埋之，衅之以鸡猪，若盟状。郐君以为内难也，而尽杀其良臣。桓公袭郐，遂取之。(《韩非子·内储说下》)

诸葛亮之和吴拒魏，及关羽围樊、襄，曹欲徙都，懿及蒋济说曹曰："刘备、孙权外亲内疏，关羽得志，权心不愿也。可遣人蹑其后，许割江南以封权，则樊围自释。"曹从之，羽遂见擒。(《长短经·格形》)

第四计 以逸待劳

困敌之势，不以战；损刚益柔。

按语

此即致敌之法也。兵书云：“凡先处战地而待敌者佚，后处战地而趋战者劳。故善战者，致人而不致于人。”（《孙子·虚实篇》）兵书论敌，此为论势，则其旨非择地以待敌，而在以简驭繁，以不变应变，以小变应大变，以不动应动，以小动应大动，以枢应环也。如：管仲寓军令于内政，实而备之；（《史记·管晏列传》）孙膑于马陵道伏击庞涓；（《史记·孙子吴起列传》）李牧守雁门，久而不战，而实备之，战而大破匈奴。（《史记·廉颇蔺相如列传》）

第五计 趁火打劫

敌之害大，就势取利，刚决柔也。

按语

敌害在内，则劫其地；敌害在外，则劫其民；内外交害，败劫其国。如越王乘吴国内蟹稻不遗种而谋攻之，后卒乘吴北会诸侯于黄池之际，国内空虚，因而捣之，大获全胜。（《国语·越语下》）

第六计 声东击西

敌志乱萃，不虞，坤下兑上之象，利其不自主而取之。

按语

西汉，七国反，周亚夫坚壁不战。吴兵奔壁之东南陬，亚夫便备西北。已而吴王精兵果攻西北，遂不得入。(《汉书·周勃传》附）此敌志不乱，能自主也。汉末，朱儁围黄巾于宛，张围结垒，起土山以临城内，鸣鼓攻其西南，黄巾悉众赴之。儁自将精兵五千，掩其东北，遂乘虚而入。此敌志乱萃，不虞也。然则声东击西之策，须视敌志乱否为定。乱，则胜；不乱，将自取败亡。险策也。

第二套　敌战计

第七计 无中生有

诳也，非诳也，实其所诳也。少阴、太阴、太阳。

按语

无而示有，诳也。诳不可久而易觉，故无不可以终无。无中生有，则由诳而真，由虚而实矣，无不可以败敌，生有则败敌矣。如令狐潮围雍丘，张巡缚嵩为人千余，披黑夜，夜缒城下；潮兵争射之，得箭数十万。其后复夜缒人，潮兵笑，不设备，乃以死士五百砍潮营，焚垒幕，追奔十余里。（《新唐书·张巡传》《战略考·唐》）

第八计 暗渡陈仓

示之以动，利其静而有主，“益动而巽”。

按语

奇出于正，无正不能出奇。不明修栈道，则不能暗渡陈仓。昔邓艾屯白水之北，姜维遣廖化屯白水之南，而结营焉。艾谓诸将曰：“维令卒还，吾军少，法当来渡而不作桥，此维使化持我，令不得还。必自东袭取洮城矣。”艾即夜潜军，径到洮城。维果来渡。而艾先至，据城，得以不破。此则是姜维不善用暗渡陈仓之计，而邓艾察知其声东击西之谋也。

第九计 隔岸观火

阳乖序乱，阴以待逆。暴戾恣睢，其势自毙。顺以动豫，豫顺以动。

按语

乖气浮张，逼则受击，退则远之，则乱自起。昔袁尚、袁熙奔辽东，尚有数千骑。初，辽东太守公孙康恃远不服。及曹操破乌丸，或说曹遂征之，尚兄弟可擒也。操曰：“吾方使斩送尚、熙首来，不烦兵矣。”九月，操引兵自柳城还，康即斩尚、熙，传其首。诸将问其故，操曰：“彼素畏尚等，吾急之，则并力；缓之，则相图，其势然也。”或曰：此兵书火攻之道也。按兵书《火攻篇》前段言火攻之法，后段言慎动之理，与“隔岸观火”之意亦相吻合。

第十计 笑里藏刀

信而安之，阴以图之，备而后动，勿使有变。刚中柔外也。

按语

兵书云："辞卑而益备者，进也……无约而请和者，谋也。"故凡敌人之巧言令色，皆杀机之外露也。宋曹玮知渭州，号令明肃，西夏人惮之。一日，玮方对客弈棋，会有叛卒数千，亡奔夏境。堠骑报至，诸将相顾失色，公言笑如平时。徐谓骑曰："吾命也，汝勿显言。"西夏人闻之，以为袭己，尽杀之。此临机应变之用也。若勾践之事夫差，则意使其久而安之矣。

第十一计 李代桃僵

势必有损，损阴以益阳。

按语

我敌之情，各有长短。战争之事，难得全胜，而胜负之决，即在长短之相较；而长短之相较，乃有以短胜长之秘诀。如以下驷敌上驷，以上驷敌中驷，以中驷敌下驷之类，则诚兵家独具之诡谋，非常理之可测也。

第十二计 顺手牵羊

微隙在所必乘，微利在所必得。少阴，少阳。

按语

大军动处，其隙甚多，乘间取利，不必以战。胜固可用，败亦可用。

第三套 攻战计

第十三计 打草惊蛇

疑以叩实，察而后动；复者，阴之媒也。

按语

敌力不露，阴谋深沉，未可轻进，应遍探其锋。兵书云：“军旁有险阻、潢井、葭苇、山林、翳荟者，必谨复索之，此伏奸所藏也。”（《孙子兵法·行军篇》）

第十四计 借尸还魂

有用者，不可借；不能用者，求借。借不能用者而用之，匪我求童蒙，童蒙求我。

按语

换代之际，纷立亡国之后者，固借尸还魂之意也。凡一切寄兵权于人，而代其攻守者，皆此用也。

第十五计 调虎离山

待天以困之，用人以诱之，往蹇来连。

按语

兵书曰：“下政攻城。”若攻坚，则自取败亡矣。敌既得地利，则不可争其地。且敌有主而势大：有主，则非利不来趋；势大，则非天人合用不能胜。汉末，羌率众数千，遮虞诩于陈仓、崤谷。诩即停军不进，而宣言上书请兵，须到乃发。羌闻之，乃分抄旁县。诩因其兵散，日夜进道，兼行百余里，令军士各作两灶，日倍增之，羌不敢逼，遂大破之。兵到乃发者，利诱之也；日夜兼进者，用天时以困之也；倍增其灶者，惑之以人事也。(《后汉书·虞诩传》《战略考·东汉》)

第十六计 欲擒故纵

逼则反兵，走则减势。紧随勿迫，累其气力，消其斗志，散而后擒，兵不血刃。需，有孚，光。

按语

所谓纵者，非放之也，随之，而稍松之耳。“穷寇勿追”，亦即此意。盖不追者，非不随也，不迫之而已。武侯之七纵七擒，即纵而蹑之，故展转推进，至于不毛之地。武侯之七纵，其意在拓地，在借孟获以服诸蛮，非兵法也。故论战，则擒者不可复纵。

第十七计 抛砖引玉

类以诱之，击蒙也。

按语

诱敌之法甚多，最妙之法，不在疑似之间，而在类同，以固其惑。以旌旗金鼓诱敌者，疑似也；以老弱粮草诱敌者，则类同也。如楚伐绞，军其南门，屈瑕曰：“绞小而轻，轻则寡谋，请勿捍采樵者以诱之。”从之，绞人获利。明日，绞人争出，驱楚役徙于山中。楚人坐守其北门，而伏诸山下，大败之，为城下之盟而还。又如孙膑减灶而诱杀庞涓。（《史记·孙子吴起列传》）

第十八计 擒贼擒王

摧其坚，夺其魁，以解其体。龙战于野，其道穷也。

按语

攻胜，则利不胜取。取小遗大，卒之利、将之累、帅之害、攻之亏也。全胜而不摧坚擒王，是纵虎归山也。擒王之法，不可图辨旌旗，而当察其阵中之首动。昔张巡与尹子奇战，直冲敌营，至子奇麾下，营中大乱，斩贼将五十余人，杀士卒五千余人。巡欲射子奇而不识，剡蒿为矢。中者喜，谓巡矢尽，走白子奇，乃得其状。使霁云射之，中其左目，几获之，子奇乃收军退还。(《新唐书·张巡传》《战略考·唐》)

第四套 混战计

第十九计 釜底抽薪

不敌其力，而消其势，兑下乾上之象。

按语

水沸者，力也，火之力也，阳中之阳也，锐不可当；薪者，火之魄也，即力之势也，阴中之阴也，近而无害，故力不可当而势犹可消。《尉缭子》曰：“气实则斗，气夺则走。”而夺气之法，则在攻心。昔吴汉为大司马，有寇夜攻汉营，军中惊扰，汉坚卧不动。军中闻汉不动，有顷乃定。乃选精兵反击，大破之，此即不直当其力而扑消其势也。宋薛长儒为汉、湖、滑三州通判，驻汉州。州兵数百叛，开营门，谋杀知州、兵马监押，烧营以为乱。有来告者，知州、监押皆不敢出。长儒挺身出营，谕之曰：“汝辈皆有父母妻子，何故做此？叛者立于左，胁从者立于右！”于是，不与谋者数百人立于右，独主谋者十三人突门而出，散于诸村野，寻捕获。时谓非长儒，则一城涂炭矣！**此即攻心夺气之用也。或曰：敌与敌对，捣强敌之虚以败其将成之功也。**

第二十计 浑水摸鱼

乘其阴乱，利其弱而无主。随，以向晦入宴息 。

按语

动荡之际，数力冲撞，弱者依违无主，敌蔽而不察，我随而取之。《六韬》曰：“三军数惊，士卒不齐，相恐以敌强，相语以不利，耳目相属，妖言不止，众口相惑，不畏法令，不重其将，此弱征也。”是鱼，混战之际，择此而取之。如：刘备之得荆州，取西川，皆此计也。

第二十一计 金蝉脱壳

存其形，完其势；友不疑，敌不动。巽而止，蛊。

按语

共友击敌，坐观其势。倘另有一敌，则须去而存势。则金蝉脱壳者，非徒走也，盖为分身之法也。故大军转动，而旌旗金鼓俨然原阵，使敌不敢动，友不生疑。待己摧他敌而返，而友敌始知，或犹且不知。然则金蝉脱壳者，在对敌之际，而抽精锐以袭别阵也。如：诸葛亮卒于军，司马懿追焉。姜维令仪反旗鸣鼓，若向懿者，懿退，于是仪结营而去。檀道济被围，乃命军士悉甲，身白服乘舆徐出外围。魏惧有伏，不敢逼，乃归。(《南史·檀道济传》《广名将传》)

第二十二计 关门捉贼

小敌困之。剥，不利有攸往。

按语

捉贼而必关门，非恐其逸也，恐其逸而为他人所得也。且逸者不可复追，恐其诱也。贼者，奇兵也，游兵也，所以劳我者也。《吴子》曰："今使一死贼伏于旷野，千人追之，莫不枭视狼顾。何者？恐其暴起而害己也。是以一人投命，足惧千夫。"追贼者，贼有脱逃之机，势必死斗；若断其去路，则成擒矣。故小敌必困之，不能，则放之可也。

第二十三计 远交近攻

形禁势格，利从近取，害以远隔。上火下泽。

按语

混战之局，纵横捭阖之中，各自取利。远不可攻，而可以利相结；近者交之，反使变生肘腋。范雎之谋，为地理之定则，其理甚明。(《战国策·秦策》《战略考·战国》)

第二十四计 假道伐虢

两大之间，敌胁以从，我假以势。困，有言不信。

按语

假地用兵之举，非巧言可诳，必其势不受一方之胁从，则将受双方之夹击。如此境况之际，敌必迫之以威，我则诳之以不害，利其幸存之心，速得全势。彼将不能自阵，故不战而灭之矣。如晋侯假道于虞以伐虢。晋灭虢，虢公丑奔京师。师还，袭虞灭之。(《左传·僖公二年》《左传·僖公五年》)

第五套　并战计

第二十五计 偷梁换柱

频更其阵，抽其劲旅，待其自败，而后乘之，曳其轮也。

按语

阵有纵横，天衡为梁，地轴为柱。梁柱以精兵为之，故观其阵，则知其精兵之所在。共战他敌时，频更其阵，暗中抽换其精兵，或竟代其为梁柱，势成阵塌，遂兼其兵。并此敌以击他敌之首策也。

第二十六计 指桑骂槐

大凌小者，警以诱之。刚中而应，行险而顺。

按语

率数未服者以对敌，若策之不行，而利诱之，又反启其疑。于是故为自误，责他人之失，以暗警之。警之者，反诱之也。此盖以刚险驱之也。或曰：此遣将之法也。

第二十七计 假痴不癫

宁伪作不知不为，不伪作假知妄为。静不露机，云雷屯也。

按语

假作不知而实知，假作不为而实不可为，或将有所为。司马懿之假病昏以诛曹爽，受巾帼、假请命以老蜀兵，所以成功；姜维九伐中原，明知不可为而妄为之，则似痴矣，所以破灭。兵书曰："故善战者之胜也，无智名，无勇功。"当其机未发时，静屯似痴；若假癫，则不但露机，且乱动而群疑。故假痴者胜，假癫者败。或曰："假痴可以对敌，并可以用兵。"宋代，南俗尚鬼。狄青征侬智高时，大兵始出桂林之南，因佯祝曰：“胜负无以为据。”乃取百钱自持，与神约：“果大捷，则投此钱尽钱面也。”左右谏止：“倘不如意，恐沮师。”青不听。万众方耸视，已而挥手一掷，百钱皆面。于是举兵欢呼，声震林野，青亦大喜；顾左右，取百钉来，即随钱疏密，布地而贴钉之，加以青纱笼护，手自封焉。曰：“俟凯旋，当酬神取钱。”其后平邕州还师，如言取钱，幕府士大夫共祝视，乃两面钱也。（《战略考·宋》）

第二十八计 上屋抽梯

假之以便，唆之使前，断其援应，陷之死地。遇毒，位不当也。

按语

唆者，利使之也。利使之而不先为之便，或犹且不行。故抽梯之局，须先置梯，或示之梯。如慕容垂、姚苌诸人怂秦苻坚侵晋，以乘机自起。(《晋书·苻坚传》)

第二十九计 树上开花

借局布势，力小势大。鸿渐于阿，其羽可用为仪也。

按语

此树本无花，而树则可以有花，剪彩贴之，不细察者不易觉。使花与树交相辉映，而成玲珑全局也。此盖布精兵于友军之阵，完其势以威敌也。

第三十计 反客为主

乘隙插足，扼其主机，渐之进也。

按语

为人驱使者为奴，为人尊处者为客，不能立足者为暂客，能立足者为久客，客久而不能主事者为贱客，能主事则可渐握机要，而为主矣。故反客为主之局：第一步须争客位，第二步须乘隙，第三步须插足，第四足须握机，第五乃为主。为主，则并人之军矣，此渐进之阴谋也。如李渊书尊李密，密卒以败；汉高视势未敌项羽之先，卑事项羽，使其见信，而渐以侵其势，至垓下一役，一举亡之。(《隋书·李密》《史记·汉高祖》)

第六套　败战计

第三十一计 美人计

兵强者，攻其将；将智者，伐其情。将弱兵颓，其势自萎。利用御寇，顺相保也。

按语

兵强将智，不可以敌，势必事之。事之以土地，以增其势，如六国之事秦，策之最下者也。事之以币帛，以增其富，如宋之事辽金，策之下者也。惟事之以美人，以佚其志，以弱其体，以增其下之怨。如勾践以西施、重宝取悦夫差，乃可转败为胜。

第三十二计 空城计

虚者虚之，疑中生疑；刚柔之际，奇而复奇。

按语

虚虚实实，兵无常势。虚而示虚，诸葛而后，不乏其人。如吐蕃陷瓜州，王君焕死，河西汹惧。以张守珪为瓜州刺史，领余众，方复筑州城。版幹裁立，敌又暴至。略无守御之具，城中相顾失色，莫有斗志。守圭曰："彼众我寡，又疮痍之后，不可以矢石相持，须以权道制之。"乃于城上置酒作乐，以会将士。敌疑城中有备，不敢攻而退。又如齐祖珽为北徐州刺史，至州，会有陈寇，百姓多反，珽不关城门。守陴者，皆令下城，静坐街巷，禁断行人，鸡犬不乱鸣吠。贼无所见闻，不测所以，或疑人走城空，不设警备。珽复令大叫，鼓噪聒天，贼大惊，顿时走散。

第三十三计 反间计

疑中之疑。比之自内，不自失也。

按语

间者，使敌自相疑忌也；反间者，因敌之间而间之也。如燕昭王薨，惠王自为太子时，不快于乐毅。田单乃纵反间曰："乐毅与燕王有隙，畏诛，欲连兵王齐。齐人未附，故且缓攻即墨，以待其事。齐人唯恐他将来，即墨残矣。"惠王闻之，即使骑劫代将，毅遂奔赵。又如周瑜利用曹操间谍，以间其将，亦疑中之疑之局也。

第三十四计 苦肉计

人不自害，受害必真。假真真假，间以得行。童蒙之吉，顺以巽也。

按语

间者，使敌人相疑也；反间者，因敌人之疑，而实其疑也。苦肉计者，盖假作自间以间人也。凡遣与己有隙者以诱敌人，约为响应，或约为共力者，皆苦肉计之类也。如郑武公伐胡而先以女妻胡君，并戮关其思；（《韩非子·说难》）韩信下齐而郦生遭烹。

第三十五计 连环计

将多兵众，不可以敌，使其自累，以杀其势。在师中吉，承天宠也。

按语

庞统使曹操战舰勾连，而后纵火焚之，使不得脱。则连环计者，其结在使敌自累，而后图之。盖一计累敌，一计攻敌，两计扣用，以摧强势也。如宋毕再遇尝引敌与战，且前且却，至于数四。视日已晚，乃以香料煮黑豆，布地上。复前搏战，佯败走。敌乘胜追逐。其马已饥，闻豆香，乃就食，鞭之不前。遇率师反攻，遂大胜。皆连环之计也。(《历代名将用兵方略·宋》)

第三十六计　走为上

全师避敌。左次无咎，未失常也。

按语

敌势全胜，我不能战，则必降、必和、必走。降则全败，和则半败，走则未败。未败者，胜之转机也。如宋毕再遇与金人对垒，度金兵至者日众，难与争锋。一夕拔营去，留旗帜于营，豫缚生羊悬之，置其前二足于鼓上，羊不堪倒悬，则足击鼓有声，金人不觉为空营。相持数日，乃觉，欲追之，则已远矣。(《战略考·南宋》) 可谓善走者矣！

附录部分

百战奇略

[明] 刘伯温 著

第一卷

001. 计战

凡用兵之道，以计为首。未战之时，先料将之贤愚，敌之强弱，兵之众寡，地之险易，粮之虚实。计料已审，然后出兵，无有不胜。法曰："料敌制胜，计险阨远近，上将之道也。"

汉末，刘先主在襄阳，三往求计于诸葛亮。亮曰："自董卓以来，豪杰并起，跨州连郡者不可胜数。曹操比于袁绍，则名微而众寡，然操遂能克绍，以弱为强者，非惟天时，抑亦人谋也。今操已拥百万之众，挟天子而令诸侯，此诚不可与争锋。孙权据有江东，已历三世，国险民附，贤能为之用，此可以为援而不可图也。荆州北据汉、沔，利尽南海，东连吴、会，西通巴、蜀，此用武之国，而其主不能守。此殆天所以资将军，将军岂有意乎？益州险塞，沃野千里，天府之土，高祖因之以成帝业。刘璋暗弱，张鲁在北，民殷国富，不知存恤，智能之士思得明君。将军既帝室之胄，信义著于四海，总揽英雄，思贤如渴，若跨有荆、益，保其岩阻，西和诸戎，南抚夷越，外结好孙权，内修政理；天下有变，则命一上将将荆州之军以向宛、洛，将军身率益州之众出于秦川，百姓孰敢不箪食壶浆以迎将军者乎？诚如是，则霸业可成，汉室可兴矣。”先主曰：“善。”后果如其计。

002. 谋战

凡敌始有谋，我从而攻之，使彼计穷而屈服。法曰：“上兵伐谋。”

春秋时，晋平公欲伐齐，使范昭往观齐国之政。齐景公觞之，酒酣，范昭请君之尊酌。公曰：“寡人之尊进客。”范昭已饮，晏子撤尊，更为酌。范昭佯醉，不悦而起舞，谓太师曰：“我欲成周公之乐，能为我奏，吾为舞之。”太师曰：“瞑臣不习。”范昭出。景公曰：“晋，大国也，来观吾政。今子怒大国使者，将奈何?”晏子曰:“观范昭非陋于礼者,今将惭吾国,臣故不从也。”太师曰:“夫成周公之乐,天子之乐也,惟人主舞之,今范昭人臣,而欲舞天子之乐,臣故不为也。”范昭归报晋平公曰:“齐未可伐,臣欲辱其君,晏子知之;臣欲犯其礼,太师识之。”仲尼曰:“不越尊俎之间,而折冲于千里之外,晏子之谓也。”

003. 间战

凡欲征伐,先用间谍觇敌之众寡、虚实、动静,然后兴师,则大功可立,战无不胜。法曰:“无所不用间也。”

周将韦叔裕,字孝宽,以德行守镇玉壁。孝宽善于抚御,能得人心。所遣间谍入齐者,皆为尽力。亦有齐人得孝宽金赂者,遥通书疏。故齐动静,朝廷皆知之。齐相斛律光,字明月,贤而有勇,孝宽深忌之。参军曲严,颇知卜筮。谓孝宽曰:“来年东朝必大相杀戮。”孝宽因令严作谣歌曰:“百升飞上天,明月照长安。”百升,斛也。又言:“高山不推自溃,槲木不扶自立。”令谍者多赍此文,遗之于邺。齐祖孝征与光有隙,既闻,更润色之。明月卒以此诛。周武帝闻光死,赦其境内,后大举兵伐之,遂灭齐。

004. 选战

凡与敌战，须要选拣勇将锐卒，使为先锋，一则壮其志，一则挫敌威。法曰：“兵无选锋曰北。”

建安十二年，袁尚、熙奔上谷郡，乌桓数入塞为害。曹操征之。夏五月，至无终；秋七月，大水，傍海道路不通。田畴请为向导，操从之，率兵出卢龙塞，水潦，塞外道绝不通，乃堑山堙谷五百余里，经白檀，历平冈，涉鲜卑庭，东陷柳城。未至二百里，敌方知之。尚、熙与蹋顿、辽西单于楼班、右北平单于能臣抵之等将数万骑逆军。八月，登白狼山，卒与虏遇，众甚盛。操辎重在后，被甲者少，左右皆惧。操登高而望，望敌阵不整，乃纵兵击之，使张辽为先锋，敌众大溃，斩蹋顿及名王以下，胡、汉降者二十余万口。

005. 步战

凡步兵与车骑战者，必依丘陵、险阻、林木而战则胜。若遇平易之道，须用拒马枪为方阵，步兵在内。马军、步兵中分为驻队、战队。驻队守阵，战队出战；战队守阵，驻队出战。敌攻我一面，则我两哨出兵，从旁以掩之；敌攻我两面，我分兵从后以捣之；敌攻我四面，我为圆阵，分兵四出以奋击之。敌若败走，以骑兵追之，步兵随其后，乃必胜之法。法曰："步兵与车骑战者，必依丘陵、险阻，如无险阻，令我士卒为拒马、蒺藜。"

《五代史》：晋将周德威为卢龙节度使，恃勇不修边备，遂失榆关之险。契丹每刍牧于营、平之间，陷新州，德威复取不克，奔归幽州。契丹围之二百日，城中危困。李嗣源闻之，约李存勖步骑七万，会于易州救之。乃自易州北行，逾大房岭，循涧而东。嗣源与养子从珂将三千骑为先锋，进至山口，契丹以万骑遮其前，将士失色；嗣源以百骑先进，免胄扬鞭，语谓契丹曰："汝无故犯我疆场，晋王命我将百万骑众，直抵西楼，灭汝种族。"因跃马奋挝，三入其阵，斩契丹酋长一人。后军齐进，契丹兵却，晋兵始得出。李存勖命步兵伐木为鹿角阵，人持一枝以成寨。契丹环寨而过，寨中万弩齐发射之，流矢蔽日，契丹人马死伤者塞道。将至幽州，契丹列阵以待之。存勖命步兵阵于后，戒勿先动，令羸兵曳柴燃草而进，烟尘蔽天，契丹莫测其兵多少；因鼓入战，存勖乃趋后阵，起而乘之，契丹遂大败，席卷其众自北山口遁去；俘斩其首级万计，遂解幽州之围。

006. 骑战

凡骑兵与步兵战者，若遇山林、险阻、陂泽之地，疾行急去，是必败之地，勿得与战。欲战，须得平易之地，进退无碍，战则必胜。法曰："易地则用骑。"

《五代史》：唐庄宗救赵，与梁军相拒于柏乡五里，营于野河北。晋兵少，梁将王景仁将兵虽多，而精锐者亦少。晋军望之色动，周德威勉其众曰："此汴宋佣易败耳。"退而告之。庄宗曰："吾提孤兵出千里，利在速战，今若不乘势而急击之，使敌人识我之众寡，则计无所施矣。"德威曰："不然，赵人皆守城而不能野战；吾之取胜，利在骑兵。盖平原旷野之中，骑兵之所长也。今吾军于河上，迫近营门，非吾之所长也。"庄宗不悦，退卧帐中，诸军无敢入见者。德威乃请监军张承业曰："王怒。老将不速战者，非怯也。且吾兵少而临贼营门，所恃者一水隔耳。使梁得舟筏渡河，吾无类矣。不如退军高邑，诱敌出营，扰而劳之，可以策胜也。"承业入言曰："德威老将知兵，愿无忽其言。"庄宗遽起曰："吾方思之耳。"已而，德威获梁游兵，问景仁何为，曰："治舟数百，将以为浮梁。"德威乃与俱见。庄宗笑曰："果如公所料。"乃退军高邑。

德威乃遣骑三百，扣梁营挑战，自以劲兵继之。王景仁怒，悉以其军出。德威与之转斗十里，至于高南，两军皆阵，梁军横亘六七里。庄宗策马登高，望而喜曰："平原浅草，可前可却，真吾制胜之地也。"乃使人告德威曰："吾当与战。"德威又谏曰："梁军轻出而远来与吾转战，其来既速，必不暇赍粮糗；纵其能赍，有不暇食。不及日午，人马饥渴，其军必退；退而击之，必获胜焉。"至未、申时，梁军中尘烟大起，德威鼓噪而进，梁军大败。

007. 舟战

凡与敌战于江湖之间，必有舟楫，须居上风、上流。上风者顺风，用火以焚之；上流者随势，使战舰以冲之，则战无不胜。法曰："欲战者，勿迎水流。"

春秋，吴子伐楚。楚令尹卜战，不吉。司马子鱼曰："我得上流，何故不吉？”遂战，以巨舰冲突；吴军势弱，难以相拒，遂至败绩。

008. 车战

凡与步、骑战于平原旷野，必须用偏箱、鹿角车为方阵，以战则胜。所谓一则治力，一则前拒，一则整束部伍也。法曰：“广地则用军车。”

晋凉州刺史杨欣失羌戎之和，为虏所没。河西断绝，帝每有西顾之忧，临朝而叹曰：“谁能为我通凉州讨此虏者乎？”朝臣莫对。司马督马隆进曰：“陛下若能任臣，臣能平之。”帝曰：“若能灭贼，何为不任？顾卿方略何如耳！”隆曰：“陛下若能任臣，当听臣自任。”帝曰：“云何？”对曰：“臣请募勇士三千人，无问所从来，率之鼓行而西，禀陛下威德，丑类何足灭者！”帝许之，乃以隆为武威太守。隆募腰开弩三十六钧，立标拣试，自旦至日中，得三千五百人。隆曰：“足矣。”隆于是率其众西渡温水，虏树机能等以众万骑，或乘险以遏隆前，或设伏以截隆后。隆依八阵图作偏箱车，地广用鹿角车，路狭则为木屋施于车上，且战且前，弓矢所及，应弦而倒。转战千里，杀伤以千数。

隆到武威，虏大人萃跋韩、且万能等，率万余众归。隆前后诛杀及降附者数万。又率善戎、没骨能等，与树机能等战，斩之，凉州遂平。

009. 信战

凡与敌战，士卒蹈万死一生之地，而无悔惧之心者，皆信令使然也。上好信以任诚，则下用情而无疑，故战无不胜。法曰："信则不欺。"

三国魏明帝自征蜀，幸长安，遣司马懿督张郃诸军，雍、凉劲卒三十万，潜军密进，窥向剑阁。蜀相诸葛亮时在祁山，旌旗利器，守在险要，会兵交换，在者八万。时魏军始阵，幡兵适交，参佐咸以贼众强盛，非力不制，宜权停下兵一月，以并声势。亮曰："吾统武行师，以大信为本，得原失信，古人所惜；去者束装以待期，妻子鹄立而计日，虽临征难，义所不废。"皆催令去。于是，去者皆悦，愿留一战；往者奋勇，思致死命。相谓曰："诸葛公之恩，死犹未报也。"临战之日，莫不拔剑争先，以一当十，杀张郃，却司马懿，一战大克，信之由也。

010. 教战

凡欲兴师，必先教战。三军之士，素习离、合、聚、散之法，备谙坐、作、进、退之令，使之遇敌，视旌麾以应变，听金鼓而进退，如此则战无不胜。法曰："以不教民战，是谓弃之。"

战国时，魏将吴起曰："夫人常死其所不能，败其所不便。用兵之法，教戒为先。一人学战，教成十人；十人学战，教成百人；百人学战，教成千人；千人学战，教成万人；万人学战，教成三军。以近待远，以佚待劳，以饱待饥。圆而方之，坐而起之，行而止之，左而右之，前而后之，分而合之，结而解之。每变皆习，乃授其兵。神而明之，是谓将事。"

第二卷

011. 众战

凡战，若我众敌寡，不可战于险阻之间，须要平易宽广之地；闻鼓则进，闻金则止，无有不胜。法曰："用众进止。"

东晋时，秦苻坚进屯寿阳，列阵临淝水，与晋将谢玄相拒。玄使谓苻坚曰："君远涉吾境，而临水为阵，是不欲速战。请君稍却，令将士得周旋，仆与君缓辔而观之，不亦乐乎？"坚众皆曰："宜阻淝水，莫令得上，我众彼寡，势必万全。"坚曰："但却，无令得过，而我以铁骑数万，向水逼而杀之。"融亦以为然。遂麾兵，使却，众因乱而不能止。于是玄与谢琰、桓伊等，以精锐八千渡淝水，右军拒张耗小退。玄、琰仍进兵，大战淝水南，坚众大溃。

012. 寡战

凡战，若以寡敌众，必以日暮，或伏于深草，或邀于隘路，战则必胜。法曰：“用少者务隘。”

《北史》：西魏大统三年，东魏将高欢渡河，逼华州，刺史王霸严守，乃涉洛，军于许原西。西魏遣将宇文泰拒之。泰至渭南，集诸州兵来会。诸将以众寡不敌，请且待欢更西以观之。泰曰：“欢若至咸阳，人皆转搔扰。今其新至，可击之。”即造浮桥于渭南，军士赍三日粮，轻骑渡渭，辎重自渭南夹渭而西。十月壬辰，至沙苑，距齐军六十余里。高欢率兵来会。候骑告齐兵至，泰召诸将议。李弼曰：“彼众我寡，不可平地置阵。此东十里，有渭曲，可据以待之。”遂进至渭曲，背水东西为阵，李弼为右拒，赵贵为左拒。命将士皆偃戈于葭芦之中，闻鼓声而起。日晡，齐军至，望见军少，争进，卒乱而不成列。兵将交，泰鸣鼓，士卒皆起。于谨等以大军与之合战，李弼等率铁骑横击之，绝其军为二，遂大破之。

013. 爱战

凡与敌战，士卒宁进死，而不退生者，皆将恩惠使然也。三军知在上之人爱我如子之至，则我之爱上也如父之极。故陷危亡之地，而无不愿死以报上之德。法曰：“视民如爱子，故可与之俱死。”

魏将吴起为西河守，与士卒最下者同衣食。卧不设席，行不乘骑，亲裹赢粮，与士卒分劳苦。卒有病疽者，起为吮之。卒母闻而哭之。或曰：“子，卒也，而将军自吮其疽，何哭也？”母曰：“非然也。往年吴公吮其父，其父战不旋踵，遂死于敌。吴公今又吮其子，妾不知其死所矣。是以哭之。”文侯以吴起用兵廉平，得士卒心，使守西河，与诸侯大战七十六，全胜六十四。

014. 威战

凡与敌战，士卒前进而不敢退后，是畏我而不畏敌也；若敢退而不敢进者，是畏敌而不畏我也。将使士卒赴汤蹈火而不违者，是威严使然也。法曰：“威克厥爱，允济。”

春秋，齐景公时，晋伐阿、甄，而燕侵河上，齐师败绩。晏婴乃荐田穰苴，曰：“穰苴虽田氏庶孽，然其人文能附众，武能威敌，愿君试之。”景公乃召穰苴与语兵事，大悦之，以为将军，将兵扞燕、晋之师。穰苴曰：“臣素卑贱，君擢之闾伍之中，加之大夫之上，士卒未附，百姓不亲，人微权轻，愿得君之宠臣、国之所尊，以监军，乃可。”于是景公许之，使庄贾往。穰苴既辞，与庄贾约：“旦日日中会于军门。”穰苴先驰至军中，立表下漏待贾。贾素骄贵，以为将己之军而己为监，不甚急，亲戚左右送之，留饮，日中而贾不至。苴则仆表决漏入，行军勒兵，申明约束。既定，夕时，贾乃至。苴曰：“何为后期？”贾对曰：“不佞大夫亲戚送之，故留。”苴曰：“将受命之日，则忘其家；临阵约束，则忘其亲；援枹鼓之日，则忘其身。今敌国深侵，邦内骚动，士卒暴露于境，君寝不安席，食不甘味，百姓之命皆悬于君，何谓相送乎？”召军正问曰：“军法，期而后至者云何？”对曰：“当斩。”贾惧，使人驰报景公请救。既往，未及反，于是遂斩庄贾，以徇三军。三军皆振栗。久之，景公遣使持节赦贾，驰入军中。苴曰：“将在外，君命有所不受。”问军正曰：“军中不驰，今使者驰云何？”对曰：“当斩。”使者大惧。苴曰：“君之使不可杀之。”乃杀其仆、车之左驸、马之左骖，以徇三军。遣使者还报，然后行。士卒次舍、井灶、饮食、问疾、医药，身自拊循之。悉取将军之资粮以享士卒，身与士卒平分粮食。最比其羸弱者，三日而后勒兵。病者皆求行，争奋出，为之赴战。晋师闻之，为罢去；燕师闻之，渡河而解。于是苴乃率众追击之，遂取所亡邦内故境，率兵而归。

015. 赏战

凡高城深池，矢石累下，士卒争先登；白刃始合，士卒争先赴者，必诱之以重赏，则敌无不克焉。法曰："重赏之下，必有勇夫。"

汉末，大将曹操每攻城破邑，得靡丽之物，则悉以赏有功者。若勋劳宜赏，则不吝千金；无功妄施，分毫不与。故能每战必胜。

016. 罚战

凡战，使士卒遇敌敢进而不敢退，退一寸者，必惩之以重刑，故可以取胜也。法曰："罚不迁列。"

隋大将杨素，御戎严整，有犯军令者，立斩之，无所宽贷。每将对敌，辄求人过失而斩之，多者百余人，少者不下十数人，流血盈前，言笑自若。及其对阵，先令三百人赴敌，陷阵则已，如不能陷阵而还者，无问多少，悉斩之。又令二三百人复进，还如向者。将士股栗，有必死之心，由是战无不胜。

017. 主战

凡战，若彼为客、我为主，不可轻战。为吾兵安，士卒顾家，当集人聚谷，保城备险，绝其粮道。彼挑战不得，转输不至，候其困敝而击之，则无不胜矣。法曰：“自战其地为散地。”

《北史》：后魏武帝亲征后燕慕容德于邺城，前军大败绩。德又欲攻之，别驾韩谆进曰：“古人先决胜庙堂，然后攻战。今魏不宜击者四，燕不宜动者三。”德曰：“何故？”谆曰：“魏军远入，利在野战，一不可击也。深入近畿，致其死地，二不可击也。前锋既败，后阵必固，三不可击也。彼众我寡，四不可击也。官军自战其地，一不宜动。动而不胜，众心难固，二不宜动。城隍未修，敌来未备，三不宜动。此皆兵家所忌，不如深沟高垒，以佚待劳。彼千里馈粮，野无所掠，久则三军靡费，攻则士卒多毙，师老衅生，起而图之，可以捷也。”德曰：“谆别驾之言，真良、平策也。”

018．客战

凡战，若彼为主，惟务深入。深入，则为主者不能胜也。谓客在重地，主在散地故耳。法曰：“深入则专。”

汉韩信、张耳以兵数万，欲东下井陉击赵。赵王及成安君陈余聚兵井陉口，众号二十万。广武君李左车说成安君曰：“闻韩信涉西河，获魏豹，擒夏说，新喋血阏与，今乃辅以张耳，议欲以下赵。此乘胜而去国远斗，其风声所及，足以夺人，其锋何可当也。臣闻：千里馈粮，士有饥色，樵苏而爨，师不宿饱；今井陉之道，车不得方轨，骑不得成列，其势粮食必在其后。愿足下假臣奇兵三万人，从间道绝其辎重，足下深沟高垒勿与战。彼前不能进，退不能还，野无所掠，不至十日，两将之头可悬麾下。愿君留意，否则，必为所擒。”成安君自以为义兵，不听其策，果被杀。

019. 强战

凡与敌战，若我众强，可伪示怯弱以诱之，敌必轻来与我战，吾以锐卒击之，其军必败。法曰：“能而示之不能。”

战国赵将李牧，常居雁门，备匈奴。以便宜置吏，市租皆输入幕府，为士卒费，日击数牛享士，习骑射，谨烽火，多间谍。后与将士为约曰：“匈奴入盗，急入收保，有敢捕虏者，斩。”匈奴每入盗，辄入收保，不与战。如是数岁，无所亡失。然匈奴以李牧为怯，虽赵边兵亦以为吾将怯。赵王让李牧，李牧如故。赵王召之，使人代牧将。岁余，匈奴来，每出战，数不利，失亡多，边不得田畜。于是，复请牧，牧称疾，杜门不出。赵王乃复强起，使将兵。牧曰：“若用臣，臣如前，乃敢奉命。”王许之，李牧遂往，至，如故约。匈奴来无所得，终以为怯。边士日得赏赐，不用，皆愿一战。于是乃具选车，得一千三百乘；选骑得一万三千匹；百金之士五万人，控弦者十万人，悉勒兵习战。大纵畜牧，人民满野。匈奴来，佯败不胜，以数千人委之。单于闻之，大率众来入。李牧多为奇阵，张左右翼以击之，大破之。杀匈奴十万余骑，单于奔走。其后十余岁，匈奴不敢犯赵边。

020. 弱战

凡与敌战，若敌众我寡，敌强我弱，须多设旌旗，倍增火灶，示强于敌，使彼莫能测我众寡、强弱之势，则敌必不轻与我战，我可速去，则全军远害。法曰：“强弱，形也。”

后汉，羌胡反，寇武都，邓太后以虞诩有将帅之略，迁武都太守。羌乃率众数千，遮诩于陈仓、崤谷。诩即停军不进，而宣言上书请兵，须到当发。羌闻之，乃分抄傍县。诩因其兵散，日夜备道兼行，日行百余里。令吏士各作两灶，日增倍之，羌不敢逼。或问曰：“孙膑减灶而君增之。兵法：日行不过三十里，而今日且行百里，何也？”诩曰：“虏众多，吾兵少，虏见吾灶日增，必谓郡兵来迎。众多行速，必惮追我。孙膑见弱，吾今示强，势有不同故也。”

第三卷

021. 骄战

凡敌人强大，未能必取，须当卑辞厚礼，以骄其志，候其有衅可乘，一举可破。法曰："卑而骄之。"

蜀将关羽北伐，擒魏将于禁，围曹仁于樊。吴将吕蒙在陆口称疾，诣建业，陆逊往见之，谓曰："关羽接境，如何远下，后不堪忧也！"蒙曰："诚如来言，然我病笃。"逊曰："羽矜其功，骄气凌轹于人。又相闻病，必益无备。今出其不意，自可擒制。若见至尊，宜好为计。"蒙曰："羽素勇猛，既难与敌，且已据荆州，恩信大布，兼始有功，胆气益壮，未易图也。"蒙至都，权问："卿病，谁可代者？"蒙对曰："陆逊虑思深长，才堪负重，观其规虑，终可大任。而未有远名，非羽所忌，无复是过。若用之，当令外自韬隐，内察形便，然后可克。”权乃召逊，拜偏将军右都督代蒙。逊至陆口，书与羽曰：“前承观衅而动，以律行师，小举大克，亦何巍巍！敌国败绩，利在同盟，闻庆抚节，想遂席卷，共奖王纲。某不敏，受任来西，延慕光尘，思禀良规。”又曰：“于禁等见获，遐迩欣叹，以为将军之勋足以长世，虽昔晋文城濮之师，淮阴拔赵之略，蔑以尚之。闻徐晃等步骑驻旌，窥望麾葆。操猾虏也。忿不思难，恐潜增众，以逞其心。虽云师老，犹有骁悍。且败捷之后，常苦轻敌，古术军胜弥警，愿将军广为方针，以全独克。某书生疏迟，忝所不堪，嘉邻威德，乐自倾尽，虽未合策，犹可怀也。”羽览书，有谦下自托之意，遂大安，无复所嫌。逊具启状，陈其可擒之要。权乃潜军而上，使逊与吕蒙为前部，至，即克公安、南郡。

022. 交战

凡与敌战，傍与交国，当卑词厚赂以结之，引为己援。若我攻敌人之前，彼掎其后，则敌人必败。法曰：“衢地则合交。”

三国蜀将关羽围魏曹仁于樊，魏遣左将军于禁等救之。会汉水暴起，羽以舟兵虏禁等步骑三万，送江陵。是时，汉帝都许昌，曹操以为近敌，欲徙河北以避其锋。司马懿谏曰："禁等为水所没，非战守之所失，于国家大计未有所损，而便迁都，既示敌以弱，又淮、沔之人俱不安矣。孙权、刘备，外亲而内疏。羽今得意，权必不愿也。可谕权令掎其后，则樊围自解。"操从之，遣使结权。权遂遣吕蒙西袭公安、南郡，拔之。羽果弃樊而去。

023. 形战

凡与敌战，若彼众多，则设虚形以分其势，彼不敢不分兵以备我。敌势既分，其兵必寡。我专为一，其卒自众。以众击寡，无有不胜。法曰："形人而我无形。"

汉末，建安五年，曹操与袁绍相拒于官渡。绍遣郭图、淳于琼、颜良，攻操将东郡太守刘延于白马。绍率兵至黎阳，将渡河。夏四月，曹操北救延。荀攸说操曰："今兵少不可敌，若分其势乃可。公到延津，若将渡河向其后，绍必西应之。然后轻兵袭白马，掩其不备，颜良可擒也。"操从之。绍闻操兵将渡，即分兵西应之。操乃率军兼行趋白马，未至十余里，良大惊，来迎战。操使张辽、关羽前登击破之，斩颜良，遂解白马之围。

024. 势战

凡战，所谓势者，乘势也。因敌有破灭之势，则我从而迫之，其军必溃。法曰："因势而破之。"

晋武帝密有灭吴之计，而朝议多违，惟羊祜、杜预、张华与帝意合。祜病，举预自代。及祜卒，拜预镇南大将军，都督荆州诸军事。既至镇，缮甲兵，耀威武，遂拣精锐，袭破吴西陵都督张政，乃启请伐吴之期。帝报待明年方欲大举。预上表曰："凡事当以利害相较，今此举十有八九之利，而其害一二，止于无功耳。朝臣言破败之形，亦不可得，直是计不出己，功不在身，各耻其前言之失，故违之耳。昔汉宣帝议赵充国所上事效之后，责诸议者，皆叩头而谢，以塞异端也。自秋以来，讨贼之形颇露。若今中止，孙皓怖而生计，或徙都武昌，更添修江南诸城，远其居人，城不可攻，野无所掠，积大船于夏口，则明年之计或无所及矣。"时帝与张华围棋，而预表适至，华推枰敛手曰："陛下圣明神武，国富兵强，吴王淫虐，诛杀贤能，当今讨之，可不劳而定。"帝乃许之。预陈兵江陵，遣周旨、伍巢等率奇兵泛舟夜渡，以袭乐乡，多张旗帜，起火巴山，出于要害之地，以夺贼心，遂获吴都督孙歆，既平上流，于是湘江以南，至于交、广，吴之州郡，望风归附，预仗节宣诏而抚绥之。时诸将会议，或曰：“百年之寇，未易尽克。今大暑，水潦方降，疾疫将起，宜伺来冬，更为大举。”预曰：“昔乐毅藉济西一战，以并强齐。今兵威已振，譬如破竹，数节之后，皆迎刃而解，无复着手处也。”遂指授群帅，径造秣陵，所过城邑，莫不束手，遂平孙皓。

025. 昼战

凡与敌昼战，须多设旌旗，以为疑兵，使敌莫能测其众寡则胜。法曰：“昼战多旌旗。”

春秋，晋侯伐齐，齐侯登山以望晋师。晋人使斥山泽之险，虽所不至，必旆而疏陈之，使乘车者左实右伪，以旆先，舆曳柴而从之。齐侯见之，畏其众也，遂逃归。

026. 夜战

凡与敌夜战，须多用火鼓，所以变乱敌之耳目，使其不知所以备我之计则胜。法曰："夜战多火鼓。"

春秋，越伐吴。吴子御之笠泽，夹水而阵。越为左右两军，乘夜，或左或右，鼓噪而进，吴兵分以御之。越子率中军潜涉，当吴中军而鼓之，吴师大乱，遂败之。

027. 备战

凡出师征讨，行则备其邀截，止则御其掩袭，营则防其偷盗，风则恐其火攻。若此设备，有胜而无败。法曰："有备不败。"

三国，魏大将吴鳞征南，兵到精湖。魏将满宠帅诸将在前，与敌夹水相对。宠谓诸将曰："今夕风甚猛，敌必来烧营，宜为之备。"诸将皆警。夜半，敌果遣十部来烧营，宠掩击，大破之。

028. 粮战

凡与敌对垒胜负未决，有粮则胜。若我之粮道，必须严加守护，恐为敌人所抄。若敌人饷道，可分遣锐兵以绝之。敌既无粮，其兵必走，击之则胜。法曰：“军无粮食则亡。”

汉末，曹操与袁绍相持于官渡，袁遣军运粮使淳于琼等五人将兵万余人送之，宿绍营北四十里。绍谋臣许攸贪财，绍不能足，奔归操，因说操曰：“今袁绍有辎重万余乘，而乏严备，今以轻兵袭之，燔其积聚，不过三日，袁氏自败矣。”操乃留曹洪守，自将步骑五千人，皆用袁军旗帜，衔枚缚马口，夜从间道出，人负束薪，所历道有问者，语之曰：“袁公恐操抄掠后军，遣兵以益备。”闻者信以为然，皆自若。既至，围屯，大放火，营中大乱，大败之，绍弃甲而遁。

029. 导战

凡与敌战，山川之夷险，道路之迂曲，必用乡人引而导之，乃知其利，而战则胜。法曰："不用乡导者，不能得地利。"

汉武帝时，匈奴比岁入寇，所杀掠甚众。元朔五年春，令卫青将三万骑出塞，匈奴右贤王以为汉兵不能至此，遂醉卧帐中。汉兵夜至，围右贤王，虏大惊，独与爱妾一人、骑兵数百，溃围夜逃北去。汉遣轻骑校尉郭成等追四百里弗及，得虏王十余人，男女万五千余口，畜数十万。于是，青率兵而还。至塞，天子使使者持大将军印，即军中拜青为大将军，诸将皆以兵属，立号而归，皆用校尉。

张骞以尝使大夏，留匈奴久，导军，善知水草处，军得以无饥渴之患。

030. 知战

凡兴兵伐敌，所战之地必预知之。师至之日，能使敌人如期而来，与战则胜。知战地，知战日，则所备者专，所守者固。法曰："知战之地，知战之日，则可千里而会战。"

战国，魏与赵攻韩，韩告急于齐。齐用田忌将而往，直走大梁。魏将庞涓闻之，去韩而归。齐孙膑谓田忌曰："彼三晋之兵素悍勇而轻齐，齐号为怯；善战者因其势而利导之。兵法：百里而趋利者，蹶上将；五十里而趋利者，军半至。使齐军入魏地为十万灶，明日为五万灶，又明日为三万灶。"涓追三日，大喜曰："我固知齐军怯，入吾地三日，士卒亡者过半矣。"乃弃其步军，与精锐亲兵，倍道兼行逐之。孙膑度其行，暮当至马陵，道狭而旁多阻隘，可伏兵。乃斫大木，白而书之曰：庞涓死此树下。于是令齐军善射者万弩夹道而伏。涓追至，见白书，乃钻火烛之，读其书未毕，齐军万弩齐发，魏军大乱。涓自知智穷兵败，乃自刎。

第四卷

031. 斥战

凡行兵之法，斥堠为先。平易用骑，险阻用步。每五人为甲，人持一白旗，远则军前后左右接续候望。若见贼兵，以次转近告白主将，令众预为之备。法曰：“以虞待不虞者，胜。”

汉宣帝时，先零诸羌叛，犯边塞，攻城邑，杀长吏。时后将军赵充国，年七十余，上老之，使问：“谁可将者？”充国曰：“百闻不如一见，兵难预度，臣愿驰至金城，图上方略。然羌戎小夷，逆天背叛，灭亡不久，愿陛下属之老臣，勿以为忧。”上笑曰：“诺。”充国至金城，领兵满万骑，欲渡河，恐为羌所遮，即夜遣三校，衔枚先渡，渡辄营阵。会明，遂以次尽渡。羌数十百骑来，出入军傍。充国曰：“吾士马新至，困倦，不可驰逐。此皆骁骑难制，又恐为其诱兵也。击羌以殄灭为期，小利不足贪。”令军中勿击。遣骑候望，四望峡中无羌。夜半，兵至落都，召诸校、司马谓曰：“吾知羌戎不能为矣。使彼发数千人杜守四望峡中，兵众岂得入？”充国常以远斥候为务，行必为战备，止必坚营壁，尤能持重，爱士卒，先计而后战，遂平先零。

032. 泽战

凡出军行师，或遇沮泽、圮毁之地，宜倍道兼行速过，不可稽留也。若不得已，与不能出其地，道远日暮，宿师于其中，必就地形之环龟，其中高四下为圆营，四面当敌。一则防水潦之厄，一则备四周之寇。法曰：“历沛历圮，坚舍环龟。”

唐调露元年，突厥阿史德温傅反，诏礼部尚书、检校右卫大将军裴行俭为定襄道行军大总管讨之。军次单于界北，暮，已立营，堑壕既周，行俭更命徙营高冈。吏曰：“吏士安堵，不可扰。”不听，徙之。比夜，风雨雷霆暴至，前设营所，水深丈余，众莫不骇叹，因问何以知风雨也，行俭笑曰：“自今但依我节制，勿问我所由知也。”

033. 争战

凡与敌战，若有形势便利之处，宜争先据之，以战则胜。若敌人先至，我不可攻，候其有变则击之，乃利。法曰："争地勿攻。"

三国魏青龙二年，蜀将诸葛亮出斜谷，并田于兰坑。是时，魏将司马懿屯渭南，郭淮策亮必争北原，宜先据之，议者多谓不然。淮曰："若亮跨渭登原，连兵北山，隔绝陇道，摇荡民心，此非国之利也。"懿善之，淮遂屯北原。堑垒未成，蜀兵大至，淮遂逆击之。后数日，亮盛兵西行，淮将皆以为欲攻西围，淮独以亮见形于西，欲使兵众应之，必攻东耳。其夜，果攻阳遂，有备不败。

034. 地战

凡与敌战，三军必要得其地利，则可以寡敌众，以弱胜强。所谓知敌之可击，知吾卒之可以击，而不知地利，胜之半也。此言既知彼又知己，但不得地利之助，则亦不能全胜。法曰："天时不如地利。”

晋安帝讨南燕。慕容超召群臣议拒晋师。公孙五楼曰：“晋师劲果，所利在速战，初锋勇锐，不可击也；宜据大岘，使不得入。旷日延时，沮其锐气。可徐拣精兵二千骑，循海而南，绝其粮道；别遣段晖率诸州之军，缘山东下，腹背击之，此上策也。各命守者依险自固，较其资储之外，余悉焚荡，芟除粟苗，使敌人来无所资，坚壁清野，以待其衅，中策也。纵贼入岘，出城迎战，下策也。”超曰：“京都富盛，户口众多，非可以一时入守；青苗布野，非可以猝芟；设使芟苗守城，以全性命，朕所不能。据五州之强，带山河之固，战车万乘，铁马万群，纵令过岘，至于平地，徐以精骑蹂之，必成擒也。”慕容镇曰：“若如圣旨，必须平原十里而军。军垒成，用马为便。宜出岘，逆战而不胜，犹可退守。不宜纵敌入岘，自贻窘迫。昔成安君不守井陉之险，终屈于韩信；诸葛瞻不守剑阁之险，卒擒于邓艾。臣以天时不如地利也，阻守大岘，策之上也。”超又不从。而摄莒、梁父二戎修城隍，拣士马，蓄锐以待之。其夏，晋师已东克，超遣其左军段晖等步骑五万，进据临朐。俄而，晋师渡岘，慕容超惧，率兵四万就段晖等。于临朐战败，超奔广固，数日而拔，燕地悉平。

035. 山战

凡与敌战，或居山林，或居平陆，须居高阜。恃其形势，顺于击刺，便于奔冲，以战则胜。法曰："山上之战，不仰其高。"

战国，秦伐韩。韩乞军于赵，王召廉颇而问曰："可救否？"曰："道远路狭，难救。"又召乐乘而问曰："可救否？"乐乘对如颇言。又召赵奢问，奢曰："道远路狭，譬如两鼠斗于穴中，将勇者胜。"王乃令奢将兵救之。去赵国都三十里，垒而不进。令军中曰："有以军事谏者死。"秦军武安。有一人谏，奢立斩之。坚壁留二十八日不行，复益增垒。秦间来入，赵奢善食而遣之。间以报秦将，秦将大喜，曰："夫去国三十里，而军不行，乃增垒，非赵地也。"赵奢既遣秦间，乃卷甲而趋之，一日一夜至。秦闻之，悉甲而至。军士许历请入谏，赵奢内之。许历曰："秦人不意赵师至此，其来气势盛，将军必厚集其阵以待之，不然必败。"奢曰："请受教！"历曰："请受刑！"奢曰："须后令至邯郸。"历复请曰："先据北山者胜，后至者败。"赵奢曰："诺。"即发万人趋之。秦兵后至，争山不得上，奢纵兵击之，大破秦兵，遂解其围。

036. 谷战

凡行军越过山险而阵，必依附山谷，一则利水草，一则附险固，以战则胜。法曰："绝山依谷。"

后汉将马援为陇西太守，参降羌与塞外诸种为寇，杀长吏。援将四千余人击之，至氐道县。羌在山上，援军据便地，夺其水草，不与战，羌遂穷困，羌帅数十万户亡出塞外，诸种万余人悉降。羌不知依谷之利，而取败焉。

037. 攻战

凡战，所谓攻者，知彼者也。知彼有可破之理，则出兵以攻之，无有不胜。法曰："可胜者，攻也。"

三国，魏曹操遣朱光为庐江太守，屯皖。大开稻田，又令间人招诱鄱阳贼帅，使作内应。吴将吕蒙曰："皖田肥美，若一收熟，彼众必增；如是数岁，操难制矣，宜早除之。"乃具陈其状。

于是孙权亲征，一朝夜至。问诸将计策，诸将皆劝作高垒。蒙曰：“治垒必历日乃成。彼城备已修，外救必至，不可图也。且乘雨水以入，若淹留数日，必须尽还，还道艰难，蒙窃危之。今观此城不甚固，以三军锐气，四面攻之，不移时可拔，及水未涨而归，全胜之术也。”吴主权从之。蒙乃荐甘宁为外城都督，率兵攻其前，蒙以精锐继之。侵晨进攻，蒙手执枹鼓，士卒皆腾踊自升，食时破之。既而张辽至夹石，闻城已拔，乃退。权加蒙功，即拜庐江太守。

038. 守战

凡战，所谓守者，知己者也。知己未有可胜之理，我且固守；待敌可破之时，则出兵以击之，无有不胜。法曰：“知不可胜者，守也。”

汉景帝时，吴、楚七国反，以周亚夫为太尉，东击吴、楚七国。因自请于上曰：“楚兵剽轻，难与争锋，愿以梁委之，绝其食道，乃可制也。”上许之。亚夫率兵既会兵荥阳，吴方攻梁，梁急，请救于亚夫。亚夫率兵东北走昌邑，坚壁而守。梁王使使请亚夫，亚夫守便宜，不往救。梁上书于景帝，帝诏亚夫救梁。

亚夫不奉诏，坚壁不出，而使弓高侯等将轻骑，绝吴、楚兵后食道。吴、楚兵乏粮，饥，欲退，数挑战，终不出。夜，亚夫军中惊乱，自相攻击至于帐下。亚夫坚卧不起，顷之，自定。后吴奔壁东南陬，亚夫使备西北。已而吴兵果奔西北，不得入。吴、楚兵饥，乃引兵退。亚夫出精兵追击，大破之。吴王濞弃其军，与壮士数千人亡走，保于江南丹徒。汉兵因乘胜追击，尽虏之，降其郡县。亚夫下令曰："有得吴王者，赏千金。"月余，越人斩吴王首以告。凡相攻守三月，而吴、楚悉平。

039. 先战

凡与敌战，若敌人初来，阵势未定，行阵未整，先以兵急击之，则胜。法曰："先人有夺人之心。"

春秋，宋襄公及楚人战于泓，宋人既成列，楚人未既济。司马子鱼曰："彼众我寡，及其未既济，请击之。"公弗许。既济，未成列，子鱼复请，公复未不许。及成列而战，宋师败绩。

040. 后战

凡战，敌人若行阵整而且锐，未可与战，宜坚壁待之。候其阵久气衰，起而击之，无有不胜。法曰：“后于人以待其衰。”

唐武德中，太宗围王世充于东都，窦建德悉众来救。太宗守武牢以拒之。建德阵汜水东，弥亘数里，诸将皆有惧色。太宗将数骑登高以望之，谓诸将曰：“贼起山东，未见大敌。今渡险而嚣，是军无政令；迩城而阵者，有轻我之心也。我按兵不动，待彼气衰，阵久卒饥，必将自退。退而击之，何往不克！”建德列阵自卯至午时，卒饥倦列望，又争饮水。太宗令宇文士及率三百骑，经贼阵之西驰而南。诫曰：“贼若不动，止，宜退归；如觉其动，宜率东出。”士及才过，贼众果动。太宗曰：“可击矣！”士及命骑将建旗列阵，自武牢乘高入南山，循谷而东，以掩贼背。建德遽率其师却，止东原，未及整立，太宗轻骑击之，所向披靡。程咬金等众骑缠幡而入，直突出贼阵后，齐张旗帜，表里俱备，贼大溃，生擒建德。

第五卷

041. 奇战

凡战，所谓奇者，攻其无备，出其不意也。交战之际，惊前掩后，冲东击西，使敌莫知所备，如此则胜。法曰："敌虚，则我必为奇。"

三国，魏景元四年，诏诸军征蜀，大将军司马昭指授节度，使邓艾与蜀将姜维相缀连于雍州，刺史诸葛绪邀维，令不得归。艾遣天水太守王颀等直攻维营，陇西太守牵弘邀其前，金城太守杨欣诣甘松。维闻钟会诸军已入汉中，退还。欣等蹑于强川口，大战，维败走。闻雍州已塞道，屯桥头，从孔函谷入北道，欲出雍州后。诸葛绪闻之，却还三十里。维入北道三十里，闻绪军却，还，从桥头过，绪趋截维，较一日不及。维遂东，还守剑阁。钟会攻维未能克。艾上言：“今敌摧折，宜遂从阴平由邪径经汉中德阳亭趋涪，去剑阁西百里，去成都三百里。奇兵冲其腹心，剑阁之守必还，赴涪，则会方轨而进；剑阁之军不还，则应涪之兵寡矣。《军志》曰：‘攻其无备，出其不意。’今掩其空虚，破之必矣。”艾自阴平道，行无人之地七百余里。凿山信道，造作桥阁，山高谷深，而甚艰难；粮运将匮，频至危殆。艾以毡自裹，推转而下；将士皆攀木缘崖，鱼贯而进。至江油，蜀守将马邈降。蜀卫将军诸葛瞻自涪还绵竹，列阵待艾，艾遣子邓忠出其右，师纂出其左。忠、纂战不利，并退还，曰：“敌未可胜。”艾怒曰：“存亡之分，在此一举，何不可之有？”乃叱忠、纂等，将斩之。忠、纂驰还，更战奋勇，大破之。斩瞻，进军成都。刘禅遣使请降，遂灭蜀。

042. 正战

凡与敌战，若道路不能通，粮饷不能进，计谋不能诱，利害不能惑，须用正兵。正兵者，拣士卒，利器械，明赏罚，信号令，且战且前，则胜矣。法曰：“非正兵，安能致远？”

宋檀道济为高祖北伐前锋，至洛阳，凡拔城破垒，俘四千余人。议者谓应戮以为京观。道济曰："伐罪吊民，正在今日。王师以正为律，何必杀人！"皆释而遣之。于是戎夷感悦，相率归之者众。

043. 虚战

凡与敌战，若我势虚，当伪示以实形，使敌莫能测其虚实所在，必不敢轻与我战，则我可以全师保军。法曰："敌不敢与我战者，乖其所之也。"

三国蜀将诸葛亮在阳平，魏延诸将并兵东下，亮惟留万余守城。魏司马懿率二十万众拒亮，与延军错道，径前，当亮军六十里。候还，白懿云："亮城中兵少力弱。"亮亦知懿军垂至，恐与已相逼，欲赴延军，相去又远，势不能及。将士失色，莫知其计。亮意气自若，敕命军中皆偃旗息鼓，不得妄出；又令大开四门，扫地却洒。懿尝谓："亮持重。"而复见以弱势，疑其有伏兵，于是率众退北山。明日食时，亮与参佐拊手大笑曰："司马必谓吾示怯，将有伏兵，循山走矣。"候还白，如亮言。懿后知之，深以为恨。

044. 实战

凡与敌战，若敌人势实，我当严兵以备之，则敌人必不轻动。法曰：“实而备之。”

三国蜀先主为汉中王，拜关羽为前将军，假节钺，屯江陵。是岁，羽留兵屯公安、南郡，以备吴，而率兵攻魏将曹仁于樊。曹操遣于禁等救仁。秋，大雨，汉水泛滥，禁所督七军皆没，禁降羽，庞德被诛。梁、郏、陆浑群盗或遥受羽印号，为支党，羽威震华夏。

045. 轻战

凡与敌战，必须料敌，详审而后出兵。若不计而进，不谋而战，则必为敌所败矣。法曰：“勇必轻合，轻合而不知利，未可也。”

春秋，晋文公与楚战，知楚将子玉刚忿偏急。文公遂执其使宛春以挠之。子玉怒，遂乘晋军，楚军大败。

046. 重战

凡与敌战，须务持重，见利则动，不见利则止，慎不可轻举也。若此，则必不陷于死地。法曰："不动如山。"

春秋晋将栾书伐楚，将战，楚晨压晋军而阵，军吏患之。裨将范匄趋进，曰："塞井夷灶，陈于军中，而疏行首。栾书曰："楚师轻佻，吾持重固垒而待之，三日必退。退而击之，必获全胜。"于是败楚师于鄢陵。

047. 利战

凡与敌战，其将愚而不知变，可诱之以利；彼贪利而不知害，可设伏兵以击之，其军可败。法曰："利而诱之。"

春秋楚伐绞，莫敖屈瑕曰："绞小而轻，轻则寡谋。请无捍采樵者以诱之。"从之。绞获三十人。明日，绞人争出，驱楚役徒于山中。楚人坐其北门，而伏诸山下，大败之。

048. 害战

凡与敌各守疆界，若敌人寇抄我境，以扰边民，可于要害处设伏兵，或筑障塞以邀之，敌必不敢轻犯。法曰："能使敌人不得至者，害之也。"

唐时，朔方总管沙吒忠义为突厥所败，诏张仁愿摄御史大夫代之。既至，贼已出。率兵蹑击，夜掩其营，破之。始，朔方军与突厥以河为界，北崖有拂云祠，突厥每犯边，必先谒祠祷祀，然后引兵而南。时默啜悉兵急击突厥，张仁愿请乘虚取河北，筑受降城，绝兵南寇。唐休璟以为："西汉以来，皆南守河，今筑城虏腹中，终为所有。"仁愿固请，中宗许之。表留岁满镇兵以助其功，咸阳人二百逃归，仁愿擒之，尽斩城下，军中股栗。役者尽力，六旬而三城就。以拂云为中城，南直朔方，西城南直灵武，东城南直榆林。三垒相距各四百余里，其北皆大碛也。斥地三百里远，又于牛头朝那山北，置烽候千八百所。自是突厥不敢逾山牧马，朔方亦无寇岁。省费亿计，减镇兵数万。

049. 安战

凡敌人远来气锐，利于速战；我深沟高垒，安守勿应，以待其敝。若彼以事挠我，求战，亦不可动。法曰：“安则静。”

三国蜀将诸葛亮率众十余万出斜谷，垒于渭水之南。魏遣大将司马懿拒之，诸将欲往渭北以待之，懿曰：“百姓积聚皆在渭南，此必争之地也。”遂率军而济，背水为垒。因谓诸将曰：“亮若勇者，当出武功，依山而东。若西上五丈原，则诸军无事矣。”亮果上五丈原。会有长星坠亮之垒，懿知其必败。时朝廷以亮率军远入，利在急战，每命懿持重，以俟其变。亮数挑战，懿不出，因遗懿以巾帼妇人之饰，懿终不出。懿弟孚书问军事，懿复曰：“亮志大而不见机，多谋少决，好兵而无权，虽持兵十万，已堕吾画中，破之必矣。”与之对垒百余日，会亮病卒，诸将烧营遁走，百姓奔告，懿出兵追之。亮长史杨仪反旗鸣鼓，若将向懿者。懿以归师不之迫，于是杨仪结阵而去。经日，行其营垒，观其遗事，获其图书、粮食甚众。懿审其必死，曰：“天下奇才也！”辛毗以为尚未可知。懿曰：“军家所重，军书密计、兵马粮食，今皆弃之，岂有人损五脏而可以生乎？宜急追之。”关中多蒺藜，懿使军士二千人着软材平底木屐前行，蒺藜著屐，然后马步俱进。追到赤岸，乃知亮已死。时百姓为之谚曰：“死诸葛走生仲达。”懿笑曰：“吾能料生，不能料死故也。”

050. 危战

凡与敌战，若陷在危亡之地，当激励将士决死而战，不可怀生则胜。法曰：“兵士甚陷则不惧。”

后汉将吴汉讨公孙述，进入犍为界，诸县皆城守。汉攻广都，拔之；遣轻骑烧成都市桥，武阳以东诸小城皆降。帝戒汉曰：“成都十余万众，不可轻也。但坚据广都，待其来攻，勿与争锋，若不敢来，公转营迫之，须其力疲，乃可击也。”汉不听，乘利，遂自将步骑二万余人，进逼成都，去城十余里，阻江北为营，作浮桥；使别将刘尚将万余人屯于江南，相去二十余里。帝大惊，责汉曰：“比敕公千条万端，何意临事悖乱？既轻敌深入，又与尚别营，事有缓急，不复相及，贼若出兵缀公，以大众攻尚，尚破，公即破矣。幸无他者，急率兵还广都。”诏书未到，述果遣其将谢丰、袁吉将众十万余出攻汉，使别将万余人劫刘尚，令不得相救。

汉与大战一日，兵败，走入壁；丰围之。汉召诸将励之曰：“吾与诸将逾越险阻，转战千里，所在斩获，遂深入敌地。今至其城下，而与尚二处受围，势既不接，其祸难量，欲潜师就尚于江南御之。若能同心协力，人自为战，大功可立；如其不然，败必无余。成败之机，在此一举。”诸将皆曰：“诺。”于是，飨士秣马，闭营三日不出。乃多立幡旗，使烟火不绝。夜，衔枚引马，与尚合军。丰等不觉，明日乃分兵拒江北，自将兵攻江南。汉悉兵迎战，自旦至晡，遂大败之，斩谢丰、袁吉。于是率兵还广都，留刘尚拒述。具状以闻，而深自谴责。帝报曰：“公还广都，甚得其宜，述必不敢略尚而击公。若先攻尚，公从广都五十里悉步骑赴之，适当值其危困，破之必矣。”于是，汉与述战于广都、成都之间，八战八克，遂军于郭中。述自将数万人出城大战，汉护军高午、唐邯将锐卒数万击之，述兵败走，高午奔阵刺述，杀之。旦日城降，斩述首传送洛阳，蜀遂平。

第六卷

051. 生战

凡与敌战，若地利已得，士卒已阵，法令已行，奇兵已设，要当割弃性命而战则胜。若为将临阵畏怯，欲幸生必反为所杀。法曰：“幸生则死。”

春秋时，楚子伐郑，晋救之，与战于敖、鄗之间。晋赵婴齐使其徒先具舟于河，欲败而先济，故将士懈，卒不可胜。

052. 死战

凡敌人强盛，吾士卒疑惑，未肯用命，须置之死地，告令三军，示不获已。杀牛燔车，以享将士卒，烧弃粮食，填夷井灶，焚舟破釜，绝去其生虑，则必胜。法曰："必死则生。"

秦将章邯已破楚将项梁军，以为楚地兵不足忧，乃渡河击赵，大破之。当此时，赵歇为王，陈余为将，张耳为相，兵败皆走入巨鹿城。章邯令王离、涉间围巨鹿，章邯军其南，筑甬道而输之粟。楚怀王以宋义为上将，项羽为次将，范增为裨将，救赵。诸别将皆属焉。宋义行至安阳，留四十余日不进，遣其子宋襄相齐，自送之无盐，饮酒高会。项羽曰："今国兵新破，王坐不安席，扫境内而委诸将军，国家安危，在此一举。今不恤士卒而徇其私，非社稷之臣。"项羽晨朝宋义，即其帐中，斩之，下令军中曰："宋义与齐谋反，楚王阴令羽诛之。"是时，诸将皆慑服，莫敢支吾，皆曰："首立楚者，将军家也。今将军诛叛乱。"即共立羽为假上将军。使人追宋义子襄，及之齐，杀之。使桓楚报命于楚怀王，因命项羽为上将军。当阳君、蒲将军皆属焉。项羽以杀宋义，威震楚国，名闻诸侯。乃遣当阳君、蒲将军率二万众渡河救巨鹿。战不利，陈余复请兵，项羽乃悉兵渡河，沉舟，破釜甑，烧庐舍，持三日粮，以示士卒必死，无还心。至，则围王离，与秦军遇，九战，绝其甬道，大破之，杀苏角，虏王离。当是时，诸侯救巨鹿下者十余壁，莫敢纵兵。楚兵击秦军，诸侯皆从壁上观。楚战士无不以一当十。楚兵呼声动天地，诸侯人人惴恐。于是，大破秦军。

053. 饥战

凡兴兵征讨，深入敌境，刍粮乏阙，必须分兵抄掠。据其仓廪，夺其蓄积，以继军饷，则胜。法曰："因粮于敌，故军食可足也。"

《北史》：北周将贺若敦率兵渡江取陈，湘州陈将侯瑱讨之。秋水泛滥，江路遂断，粮援既绝，入怀危惧。敦于是分兵抄掠，以充资费。恐瑱等知其粮少，乃于营内多聚土，以米覆之。召侧近村人，佯有访问，随即遣之。瑱等闻之，以粮为实。敦又增修营垒，造庐舍，示以持久。湘、罗之间，遂废农业，瑱等无如之何。初，土人乘轻船，载米粟及笼鸡鸭，以饷瑱军。敦患之，乃伪为土人船，伏兵甲于中。瑱兵望见，谓饷船至，逆水争取，敦甲士遂擒之。又敦军数有叛者，乘马投瑱，瑱辄纳之。敦乃取一马牵以趋船，令船中人以鞭鞭之，如是者再三，马畏船不敢上。后伏兵于江岸，使人乘畏船马，诈投瑱军。瑱即遣兵迎接，争来牵马。马既畏船不上，伏兵发，尽杀之。后实有馈饷及亡奔瑱者，犹恐敦设诈兵，不敢受。相持岁余，瑱不能制。

054. 饱战

凡敌人远来，粮食不继，敌饥我饱，可坚壁不战，持久以敝之，绝其粮道。彼退走，密遣奇兵，邀其归路，纵兵追击，破之必矣。法曰："以饱待饥。"

唐武德初，刘武周据太原，使其将宋金刚屯于河东。太宗往征之，谓诸将曰："金刚垂军千里入吾地，精兵骁将皆在于此。武周自据太原，专寄金刚以为捍蔽。顾金刚虽众，内实空虚，虏掠为资，意在速战。我当坚营待其饥，未宜速战。"于是，遣刘洪等绝其粮道，其众遂馁，金刚乃遁。

055. 劳战

凡与敌战，若便利之地，敌先结阵而据之，我后去趋战，则我劳而为敌所胜。法曰：“后处战地而趋战者劳。”

晋，司空刘琨遣将军姬澹率兵十余万讨石勒，勒将拒之。或谏曰：“澹兵马精盛，其锋不可当。且深沟高垒，以挫其锐。攻守势异，必获全胜。”勒曰：“澹军远来，体疲力竭，人马乌合，号令不齐，一战可擒也，何强之有！援又垂至，胡可舍去？大军一动，岂易中还！若澹乘我之退，顾身无暇，焉能深沟高垒乎？此谓不虞而自取灭亡之道。”遂斩谏者。以孔苌为前锋都督，令三军后出者斩。设疑兵于山上，分为二伏。勒率兵与澹战，伪收众而北，澹纵兵追之，伏发夹击，澹大败而退。

056. 佚战

凡与敌战，不可恃己胜而放佚，当益加严厉以待敌，佚而犹劳。法曰：“有备无患。”

秦王翦将兵六十万代李信击荆，荆闻王翦益军而来，乃悉国中兵以拒秦。王翦至，坚壁而守之，不肯战。荆兵数挑战，终不出。王翦日休士洗沐，而善饮食抚循之，亲与士卒同食。久之，王翦使人问："军中戏乎？"对曰："方投石超距。"于是，王翦曰："士卒可用。"荆兵数挑战而秦不出，乃引而东。翦因举兵追之，令壮士击，大破荆军。

057. 胜战

凡与敌战，若我胜彼负，不可骄惰，当日夜严备以待之。敌人虽来，有备无害。法曰："既胜若否。"

秦二世时，项梁使沛公、项羽别攻城阳，屠之；西破秦军濮阳东。秦收兵入濮阳。沛公、项羽攻定陶，因西略地至雍丘，再破秦军，斩李由，还攻外黄，项梁益轻秦，有骄色。宋义进谏于梁曰："战胜而将骄卒惰者败。今卒稍惰矣，而秦兵日益，臣为君畏之。"梁弗听，而使宋义于齐。义道遇齐使者高陵君，曰："公将见武信君乎？"曰："然。"曰："今武信君军必败，公徐行即免死，疾行则及祸。"秦果悉起兵益章邯，击楚军，大败之，项梁死。

058. 败战

凡与敌战，若彼胜我负，未可畏怯，须思害中之利，当整励器械，激扬士卒，候彼懈怠而击之，则胜。法曰：“因害而患可解也。”

晋末，河间王颙在关中，遣张方讨长沙王，方率众自函谷入屯河南。惠帝遣左将军皇甫商拒之，方潜军破商，遂入洛阳。商奉帝命讨方于城内，方军望见乘舆，于是稍却，方止之不可得，众遂大败，杀伤满衢巷。方退壁于十三里桥，人情挫衄，无复固志，多劝方夜遁。方曰：“兵之利钝是常事，贵因败以为成耳。我更前作垒，出其不意，此兵法之奇也。”乃夜潜进逼洛阳城七里。商既新捷，不以为意，忽闻方垒成，乃出战，遂大败而还。

059. 进战

凡与敌战，若审知敌人有可胜之理，则宜速进兵以捣之，无有不胜。法曰：“见可则进。”

唐，李靖为定襄道行军总管，击破突厥。颉利可汗走保铁山，遣使入朝谢罪，请举国归附。靖往迎之。颉利虽外请朝谒，而内怀迟疑。靖揣知其意，时诏遣鸿胪卿唐俭等慰谕之。靖谓副将张公谨曰："诏使到虏，虏必自安，若万骑赍二十日粮，自白道袭之，必得所欲。"公谨曰："上已与约降，行人在彼，奈何？"靖曰："机不可失，韩信所以破齐也。如唐俭辈何足惜哉！"督兵疾进，行至阴山，遇其斥候千余，皆俘以随军。颉利见使者大悦，不虞官兵。李靖前锋乘雾而行，去其牙帐七里，颉利始觉，列兵未及阵，靖纵兵击之，斩首万余级，俘男女十余万，擒其子叠罗施，杀义成公主。颉利亡去，为大同道行军副总管张宝相擒以献。于是斥地自阴山北至大漠矣。

060. 退战

凡与敌战，若敌众我寡，地形不利，力不可争，当急退以避之，可以全军。法曰："知难而退。"

三国，魏将曹爽伐蜀，司马昭同行出骆谷，次于兴势。蜀将王平乘夜袭击，昭令坚卧不动，平退。昭谓诸将曰："费祎据险拒守，进不获战，攻之不可，宜急旋军，以为后图。”爽等遂退，祎果驰兵趋三岭争险，爽等潜师越险，乃得过。

第七卷

061. 挑战

凡与敌战，营垒相远，势力相均，可轻骑以挑之，伏兵以待之，其军可破。若敌用此谋，我不可以全军击之。法曰：“远而挑战，欲人之进也。”

十六国，姚襄据黄洛，苻生遣将苻黄眉、邓羌等率步骑讨襄。襄深沟高垒，固守不战。邓羌曰：“襄性刚愎，易以挠动，若长驱一行，直压其垒，襄必忿而出敌，可一战而擒也。”黄眉从之。遣羌率骑三千，军于垒门。襄怒，尽锐出战。羌伪不胜，率骑而退。襄追之于三原，羌回拒襄，而黄眉至，大战，斩之，尽俘其众。

062. 致战

凡致敌来战，则彼势常虚；不能赴战，则我势常实。多方以致敌之来，我据便地而待之，无有不胜。法曰：“致人而不致于人。”

后汉建武五年，光武诏耿弇，悉收集降附，结部曲，置将吏，弇率骑都尉刘歆、泰山太守陈俊将兵而东。张步闻之，使其将费邑军历下，又令兵屯祝阿，别于泰山、钟城列营数十以待之。弇渡河先击祝阿，拔之，故开围一角，令其众得奔归。钟城人闻祝阿已溃，大恐，遂空壁亡去。费邑分兵，遣其弟费敢守巨里，弇进兵先胁巨里，严令军中趣修攻具，后三日悉力攻巨里城，阴缓生口亡归，以弇期告邑。邑至日果自将精兵来救。弇谓诸将曰：“吾所以修攻具者，欲诱致之耳。野兵不击，何以城为？”则分兵守巨里，自帅精锐上冈阪，乘高合战，大破之，斩邑。既而取首级以示巨里，城中惧，费敢亡归张步。弇悉收其积聚，纵兵攻诸未下者，平四十余营，遂定济南。

063. 远战

凡与敌阻水相拒，我欲远渡，可多设舟楫，示之若近济，则敌必并众应之，我出其空虚以济。如无舟楫，可用竹木、蒲苇、罂缶、瓦囊、枪杆之属，缀为排筏，皆可济渡。法曰：“远而示之近。”

汉初，魏王豹初降汉，复以亲疾请归。至国，即绝其河关，反汉，与楚约和。汉王遣使往说，豹不听。汉以韩信为左丞相击豹。豹陈兵蒲坂，塞临晋。信乃益为疑兵，陈船欲渡临晋；而引兵从夏阳以木罂缶渡军，袭安邑。魏王豹大惊，引兵迎战。信遂虏豹，定魏。

064. 近战

凡与敌夹水为阵，我欲攻近，反示以远，须多设疑兵，上下远渡，敌必分兵来应，我可以潜师近袭之，其军可破。法曰：“近而示之远。”

春秋，越人伐吴，吴人御之笠泽，夹水而阵。越人为左右阵，夜鼓噪而进，吴师分以御之。越子以三军潜涉，当吴中兵而鼓之，吴军大败，遂至灭亡。

065. 水战

凡与敌战，或岸边为阵，或水上泊舟，皆谓之水战。若近水为阵者，须去水稍远，一则诱敌使渡，一则示敌无疑。我欲必战，勿近水迎敌，恐其不得渡；我欲不战，则拒水阻之，使敌不能济。若敌率兵渡水来战，可于水边伺其半渡而击之，则利。法曰："涉水半渡可击。"

汉郦生说齐下之，齐王日与生纵酒为乐，而罢守备。蒯通说信，遂渡河，袭破齐。齐王以郦生卖己，烹之，而走高密，请救于楚。楚遣龙且将兵救齐。或曰："汉兵远来，其锋难当，齐、楚自居其地，兵易败散。不如深壁，令齐王使其信臣招所亡城，闻其王在，楚来救，必反汉。汉兵客居，其势无所食，可不战而擒也。"龙且曰："吾知韩信为人，易与耳。今若救齐不战而降之，有何功？若战而胜，齐半可得。"遂进兵，与汉军夹潍水而阵。信夜使人囊沙壅水上流，旦渡击且，佯败走。龙且喜曰：“吾固知信怯。”遂追之。信使人决壅囊，水大至，且军大半不得渡，即击，杀且。且水东军散走亡去，遂平齐。

066. 火战

凡战，若敌人近居草莽，营舍茅竹，积刍聚粮，天时燥旱，因风纵火以焚之，选精兵以击之，其军可破。法曰：“行火必有因。”

汉灵帝中平元年，皇甫嵩讨黄巾。汉将朱儁与波才战，败。波才遂围嵩于长社，依草结营。会大风，嵩敕军士束炬乘城，使锐卒间出围外，纵火大呼，城上举燎应之，嵩因鼓而奔其阵，军惊乱奔走。会帝遣曹操将兵适至，合战，大破之，斩首级万余。

067. 缓战

凡攻城之法，最为下策，不得已而为之。若彼城高池深，多人而少粮，外无援救，可羁縻取之，则利。法曰：“其徐如林。”

十六国，前燕将慕容恪击段龛于广固，围之。诸将请恪急攻，恪曰："有宜缓者。若彼我势均，外有强援，恐有腹背之患，则攻之不得不速。若我强彼弱，外无救援，当羁縻守之，以待其敝。兵法：十围五攻，正谓此也。龛党尚众，未有离心，今凭阻坚城，上下戮力。尽锐攻之，数旬可拔，然杀吾士卒必多矣。要在自为变通耳。"乃为壁垒以守之，终克广固。

068. 速战

凡攻城围邑，若敌粮多人少，外有救援，可以速攻，则胜。法曰："兵贵神速。"

三国，蜀将孟达降魏，遂领新城太守，未几，复连吴附蜀以叛魏。司马懿潜军进讨，诸将言达与蜀交结，宜观望而后可。懿曰："达无信义，此其相疑之时，当及其未定，促而决之。"乃倍道兼行，八日至其城下。吴、蜀各遣将救达，懿乃分兵拒之。初，达与诸葛亮书曰："宛去洛八百里，去吾一千二百里，闻吾举事，表上天子，比相往反时，一月间也，则吾城已固，诸将足办。吾所在深险，司马公必不自来；诸将来，吾无患矣。"及兵到，达又告亮曰："吾举事八日，而兵至城下，何其神速也。"

上庸城三面阻水，达于外为木栅以自固。懿渡水，破其栅，直造城下，旬日，李辅等斩达首，开门以降。

069. 整战

凡与敌战，若敌人行阵整齐，士卒安静，未可轻战，伺其变动击之，则利。法曰："无邀正正之旗。"

三国，魏司马懿征公孙渊，懿泛舟潜济辽水，作围，弃城而向襄平。诸将曰："不攻城而作围，非所以示众。"懿曰："贼坚营高垒，欲以老吾军也。攻之，正堕其计。贼大众在此，其巢穴空虚，我直指襄平，必人怀内惧，惧而求战，破之必矣。"遂整阵而过。贼见兵出其后，果邀之，乃纵兵逆击，大破之。

070. 乱战

凡与敌战，若敌人行阵不整，士卒喧哗，宜急出兵以击之，则胜。法曰："乱而取之。"

唐段志玄从刘文静拒屈突通于潼关。文静为通将桑显和所败，军营已溃。志玄率二十骑赴之，击杀数十人而还，还为流矢中足，虑众心动，忍而不言，更入贼阵者再三。显和军乱。志玄兵势因而复振，通兵大败。

第八卷

071. 分战

凡与敌战，若我众敌寡，当择平易宽广之地以胜之。若五倍于敌，则三术为正，二术为奇；三倍于敌，二术为正，一术为奇。所谓一以当其前，一以攻其后。法曰：“分不分为縻军。”

梁将陈霸先、王僧辩讨侯景，军于张公洲，高旌巨舰，截江蔽空，乘潮顺流。景登石望之，不悦曰：“彼军士有如是之气，不可易也。”帅铁骑万人，鸣鼓而前。霸先谓僧辩：“善用兵者，如常山之蛇，首尾相应。贼今送死，欲为一战。我众彼寡，宜分其势。”僧辩从之。以劲弩当其前，轻锐蹂其后，大阵冲其中，景遂大溃，弃城而走。

072. 合战

凡兵散则势弱，聚则势强，兵家之常情也。若我兵分屯数处，敌若以众攻我，当合军以击之。法曰："聚不聚为孤旅。"

开元时，吐蕃入寇，报新城之役，晨压官军，众寡不敌，师人皆惧。王忠嗣策马而进，左右驰突，如此无不辟易，出而复合，杀数百人，贼众遂乱。三军翼而击之，吐蕃大败。

073. 怒战

凡与敌战，须激励士卒，使忿怒而后出战。法曰："杀敌者，怒也。"

汉光武建武四年，诏将军王霸、马武讨周建于垂惠。苏茂将兵四千余救建，先遣精骑遮击马武军粮，武往救之。建于城中出兵夹击武，武恃霸援，战不甚力，为茂、建所败，过霸营，大呼求救。霸曰："贼兵势盛，出必两败，努力而已。"乃闭营坚壁。

军吏皆争之，霸曰："茂兵精锐，其众又多，吾吏士心恐，而与吾相恃，两军不一，败道也。今闭营坚守，示不相救，彼必乘势轻进；武恨无救，则其战当自倍。如此，茂众疲劳，吾乘其敝，乃可克也。"茂、建果悉兵出攻武，合战良久，霸军中壮士数十人断发请战。霸乃开营大出，精骑袭其背。茂、建前后受敌，遂败走之。

074. 气战

夫将之所以战者，兵也；兵之所以战者，气也；气之所以胜者，鼓也。能作士卒之气，则不可太频，太频则气易衰；不可太远，太远则力易竭。须度敌人之至六七十步之内，乃可以鼓，令士卒进战。彼衰我盛胜，败之必矣。法曰："气实则斗，气夺则走。"

春秋，齐伐鲁。庄公将战，曹刿请从，公与之同乘，战于长勺。公将鼓之，刿曰："未可。"齐人三鼓，刿曰："可矣。"齐师败绩。公问其故，对曰："夫战，勇气也。一鼓作气，再而衰，三而竭。彼竭我盈，故克之。"

075. 归战

凡与敌相攻，若敌无故退归，必须审察。果力疲粮竭，可选轻锐蹑之。若是归师，则不可遏也。法曰：“归师勿遏。”

汉献帝建安三年，曹操围张绣于穰。刘表遣兵救之。绣到安众守险，以绝军后。操军前后受敌，夜乃凿险伪遁，伏兵以待。绣悉兵来追，操纵奇兵夹攻，大破之。操谓荀彧曰：“敌遏吾归师，而与吾死地战，吾是以胜矣。”

076. 逐战

凡追奔逐北，须审真伪。若旗齐鼓应，号令如一，纷纷纭纭，虽退走，非败也，必有奇也，须当虑之。若旗参差而不齐，鼓大小而不应，号令喧嚣而不一，此真败却也，可以力逐。法曰：“凡从勿怠，敌人或止于路，则虑之。”

唐武德元年，太宗征薛仁杲，其将宗罗睺拒之，大破于浅水原。太宗帅骑追之，直趋高墌围之。仁杲将多临阵来降，复还取马，太宗纵遣之。须臾，各乘马至。太宗具知仁杲虚实，乃进兵合围。纵辨士喻以祸福，仁杲遂降。诸将皆贺，因问曰："大王破敌，乃舍步兵，又无攻具，径薄城下，咸疑不克，而卒下之，何也？"太宗曰："此权道也。且罗睺所将皆陇外人，吾虽破之，然斩获不多。若缓之，则皆入城，仁杲收而抚之，未易克也；迫之，则兵散陇外，高墌自虚，仁杲破胆，不暇为谋，所以惧而降也。"

077. 不战

凡战，若敌众我寡，敌强我弱，兵势不利；彼或远来，粮饷不绝，皆不可与战。宜坚壁持久以敝之，则敌可破。法曰："不战在我。"

唐武德中，太宗率兵渡河东讨刘武周。江夏王李道宗，时年十七，从军，与太宗登玉壁城观贼阵。顾谓道宗曰："贼恃其众，来邀我战，汝谓何如？"对曰："群贼锋不可当，易以计屈，难以力争。今深沟高垒，以挫其锋。乌合之徒，莫能持久，粮运将竭，当自离散，可不战而擒也。"太宗曰："汝见识与我相合。"

果后食尽，夜遁。追入介州，一战败走。

078. 必战

凡兴师深入敌境，若彼坚壁不与我战，欲老我师，当攻其君主，捣其巢穴，截其归路，断其粮草，彼必不得已而须战，我以锐卒击之，可败。法曰："我欲战，敌虽深沟高垒，不得不与我战者，攻其所必救也。"

三国，魏明帝景初二年，召司马懿于长安，使将兵往辽东讨公孙渊。帝曰："四千里征伐，虽云用奇，亦当任力，不当稍计役费。度渊以何计得策？"懿曰："弃城预走，上计也；拒大军，其次也；坐守襄平，此成擒耳。"曰："三者何出？"懿曰："唯明君能量彼我，预有所弃，此非渊所及也。"曰："往还几日？"对曰："往百日，还百日，攻百日，以六十日为休息，一年足矣。"遂进兵。渊遣将帅步骑数万屯辽燧，围堑二十余里。诸将欲击之，懿曰："此欲老吾兵，攻之正堕其计。此王邑所以耻过昆阳也。彼大众在此，巢穴空虚。直抵襄平，出其不易，破之必矣。"乃多张旗帜，欲出其南，贼尽锐赴之。懿潜弃贼，直趋襄平。贼将战败，懿围襄平。诸将请攻之，懿不听。陈珪曰："昔攻上庸，旬日之半破坚城，斩孟达。今日远来，而更安缓，愚窃惑之。”懿曰：“达众少而食支一年；吾将士四倍于达而粮不淹月，以一月较一年，安可不速？以四击一，正令失半而克，犹当为之。是以不计死伤，而计粮也。况贼众我寡，贼饥我饱，而雨水乃尔，攻具不设，促之何为？自发京师，不忧贼攻，但忧贼走。今贼粮垂尽，而围落未合，掠其牛马，抄其樵采，此故驱之走也。夫兵者诡道，善因事变。贼凭恃其众，故虽饥困，不肯束手，当示无能以安之。若求小利而惊之，非计也。”既而雨霁，造攻具攻之，矢石如雨，粮尽窘急，人相食，乃使其将王健、柳甫请解围，当君臣面缚，懿皆斩之。渊突围而走，懿复追及梁水上杀之。辽地悉平。

079. 避战

凡战，若敌强我弱，敌初来气锐，且当避之，伺其疲敝而击之，则胜。法曰：“避其锐气，击其惰归。”

汉灵帝中平六年，凉州王国围陈仓，以皇甫嵩讨之。董卓请速进，嵩曰：“百战百胜，不如不战而屈之。是以善用兵者，先为不可胜，以待敌之可胜。陈仓虽小，城守固备，未易拔。王国虽强，攻陈仓不下，其众必疲，疲而击之，全胜之道也。”国攻之终不拔，其众疲敝解去。嵩进兵追击之，卓曰：“穷寇勿追，归众勿迫。”嵩曰：“不然。”遂独追击而破之。卓由是有惭色。

080. 围战

凡围战之道，围其四面，须开一角，以示生路，使敌战不坚，则城可拔，军可破。法曰：“围师必缺。”

汉末，曹操围壶关，攻之不拔。操曰：“城拔，皆坑之。”连月不下。曹仁言于曹操曰：“围城必示活门，所以开其生路也。今公告之必死，使人人自为守。且城固而粮多，攻之则士卒伤，守之则延日久。今顿兵坚城下，以攻必死之敌，非良策。”操从仁言，乃拔其城。

第九卷

081. 声战

凡战，所谓声者，张虚声也。声东而击西，声彼而击此，使敌人不知其所备。则我所攻者，乃敌人所不守也。法曰："善攻者，敌不知其所守。"

后汉建武五年，耿弇与张步相拒。步使其弟蓝将精兵二万守西安，诸郡太守合万余人守临淄，相去四十余里。弇进兵画中，居二城之间。视西安城小而坚，且蓝兵又精；临淄虽大，而易攻，乃敕诸将会后五日攻西安。蓝闻之，日夜为备。至期夜半，弇敕诸将皆蓐食，会明，至临淄。护军荀梁等争之，以为宜速攻西安。弇曰："西安闻吾欲攻之，日夜备守。临淄出其不意，至必掠扰，攻之，则一日可拔。拔临淄，则西安孤。张蓝与步阻绝，必自亡去，所谓击一而得二者也。若攻西安，不卒下，顿兵坚城，死伤必多。纵能拔之，蓝帅兵还奔临淄，并兵合势，观人虚实。吾深入敌地，后无转输，旬日之间，不战而困。诸君之言，未见其宜。”遂攻临淄，半日拔之，入据其城。张蓝闻之，果将兵亡去。

082. 和战

凡与敌战，必先遣使约和。敌虽许诺，言语不一。因其懈怠，选锐卒以击之，其军可敌。法曰：“无约而请和者，谋也。”

秦末，天下兵起。沛公西入武关，欲以两万人击峣关。张良曰：“秦兵尚强，未可轻视。闻其将多屠贾子，利以动之则易。愿且留壁，使人先行，为五万人具食，使益张旗帜为疑兵，而使郦生、陆贾往说秦将啗以利。”秦将果欲连和。沛公欲听之，良曰：“此独其将欲叛，恐士卒不从，当因其懈怠击之。”沛公乃引兵击秦军，大破之。

083. 受战

凡战，若敌众我寡，暴来围我，须相察众寡、虚实之形，不可轻易遁去，恐为尾击。当圆阵外向，受敌之围，虽有缺处，我自塞之，以坚士卒心。四面奋击，必获其利。法曰：“敌若众，则相众而受敌。”

《北史》：魏普泰元年，高欢讨并州刺史尔朱兆。孝武帝永熙元年春，拔邺。尔朱光自长安，兆自并州，度律自洛阳，仲远自东郡，同会于邺，众二十万，挟洹水而军。欢出顿紫陌，马不满二千，步不满三万，乃于韩陵为圆阵，连牛驴以塞归路。将士皆为死志。选精锐步骑从中出，四面击之，大破兆等。

084. 降战

凡战，若敌人来降，必要察其真伪。远明斥堠，日夜设备，不可怠忽。严令偏裨，整兵以待之，则胜，不然则败。法曰：“受降如受敌。”

后汉建安二年，曹操讨张绣于宛，降之。既而悔恨复叛，袭击曹操军，杀曹操长史及子昂，操中流矢，师还舞阴。绣将骑来，操击破之。绣奔穰，与刘表。操谓诸将曰："吾降绣，失在不便取质，以致于此。诸将观之，自今以后，不复败矣。"

085. 天战

凡欲兴师动众，伐罪吊民，必任天时。君暗政乱，兵骄民困，放逐贤人，诛杀无辜，旱蝗水雹，敌国有此，举兵攻之，无有不胜。法曰："顺天时而制征讨。"

北齐后主纬隆化元年，擢用邪佞陆令萱、和士开、韩长鸾等，宰制天下；陈德信、何洪珍等参预机权。各领亲党，升擢非次。官由财进，狱以赂成，乱政害人。遂致旱魃、水潦、寇盗并起；又猜嫌诸王，皆无罪受损。丞相斛律光及弟荆山公羡，并无罪受诛。渐见覆溺之萌，俄观土崩之势，周武帝乘此一举而灭之。

086. 人战

凡战，所谓人者，推人事而破妖祥也。行军之际，或枭集牙旗，或杯酒变血，或麾竿毁折，惟主将决之。若以顺讨逆，以直伐曲，以贤击愚，皆无疑也。法曰："禁邪去疑，至死无所之。"

唐武德六年，辅公祏反，诏赵郡王李孝恭等讨之。将发，与将士宴集，命取水，水变为血，在座皆失色。孝恭自若曰："毋疑，此乃公授首之征也。"饮而尽之，众心为安。先是贼将拒险邀战，孝恭坚壁不出，以奇兵绝其粮道。贼饥，夜薄李营，孝恭坚卧不动。明日，以羸兵扣贼营挑战，别选骑阵以待。俄而羸却，贼追，遇祖尚，薄战，遂败。赵郡王乘胜破其别阵，辅公祏穷走，追骑生擒之。

087. 难战

凡为将之道，要在甘苦共众。如遇危险之地，不可舍众而自全，不可临难而苟免，护卫周旋，同其生死。如此，则三军之士岂忘己哉？法曰：“见危难，毋忘其众。”

魏曹操征孙权还，使张辽、乐进、李典将七千余人屯合肥。操征张鲁，教与护军薛悌书，题其函曰：“敌至乃发。”俄而，权帅众围合肥，乃发此教，曰：“若孙权至者，张、李将军出战，乐将军守城，护军勿与战。”诸将皆疑。辽曰：“公远征在外，及敌至此，破我必矣，是以指教。及其未合，逆击之，折其盛势，以安众心，然后可守也。胜负之机，在此一举，诸君何疑？”李典意与辽同。于是，辽夜募敢从之士，得八百人，椎牛享士，明日大战。平旦，辽披甲出战，先登陷阵，杀数十人，斩二将，大呼自名，冲击突至权麾下。权大惊，众不知所以，走登高冢。权以长戟自守，辽叱权下战，权不敢动，乃聚兵围辽数重，辽左右麾围，直前急击，围解，辽将麾下数十人得出。余众呼号曰：“将军岂舍我耶？”辽复还入围，拔出余众，权军无敢当者。自旦至日中，吴人夺气，辽还修守备，众心乃安，诸将悦服。权攻合肥旬日，城不得拔，乃退。辽率诸将追击，几复获权。

088. 易战

凡攻战之法，从易者始。敌若屯备数处，必有强弱众寡。我可远其强而攻其弱，避其众而击其寡，则无不胜。法曰：“善战者，胜于易胜者也。”

《北史》：周武帝伐齐之河阳，宇文弼曰：“河阳，要冲，精兵所聚，尽力攻围，恐难得志。彼汾之曲，城小山平，攻之易拔。”武帝不纳，终无成功。

089. 饵战

凡战，所谓饵者，非谓兵者置毒于饮食，但以利诱之，皆为饵兵也。如交锋之际，或弃牛马，或遗财物，或舍辎重，皆切不可取，取之必败。法曰：“饵兵勿食。”

汉献帝建安五年，袁绍遣兵攻白马，操击破之，斩其颜良，遂解白马之围，徙其民而西，绍追之。军至延津南，操驻兵扎营南坡下，令骑解鞍放马。是时，白马辎重就道，诸将以为敌骑多，不如还保营。荀攸曰：“此所谓饵兵，如何去之？”绍骑将文丑与刘备将五六千骑前后至。诸将曰：“可上马。”操曰：“未也。”有顷，骑至稍多，或分趣辎重。操曰：“可矣。”乃皆上马纵击，大破之。

090. 离战

凡与敌战，可密候邻国君臣交接有隙，乃遣谍者以间之。彼若猜贰，我以精兵乘之，必得所欲。法曰：“亲而离之。”

战国周赧王三十一年，燕王将乐毅并将秦、魏、韩、赵之师伐齐，破之，湣王出奔于莒。燕军闻齐王在莒，合兵攻之。楚将淖齿欲与燕将分齐地，乃执湣王数其罪而诛之。复坚守莒城、即墨，以拒燕，数月不下。乐毅并围之。即墨大夫战死，城中推田单为将军。顷之，昭王薨，惠王立。初，惠王为太子时，与毅有隙。田单闻之，乃纵反间，曰：“乐毅与燕新王有隙，畏诛，欲连兵于齐，齐人未附，故且缓攻即墨，以待其事。齐人惟恐他将来，即墨残矣。”燕王以为然。乃使骑劫代毅，毅遂奔赵。燕将士由是不和。单乃诈以卒为神师而祀之，列火牛阵，大破燕军，复齐七十余城，迎襄王自莒入临淄。

第十卷

091. 疑战

凡与敌对垒，我欲袭敌，须丛聚草木，多张旗帜，以为人屯，使敌备东，而我击其西，则必胜。或我欲退，伪为虚阵，设留而退，敌必不敢追我。法曰：“众草多障者，疑也。”

《北史》：周武帝东讨，以宇文宪为前锋，守雀鼠谷。时陈王纯屯千里径，大将军永昌公椿屯鸡栖原，大将军宇文盛守汾水关，并受宪节度。密谓椿曰：“兵者，诡道。汝今为营，不须张幕，可伐柏为庵，示有所处。兵去之后，贼犹致疑。”时齐主分兵万人向千里径，又遣众出汾水关，自帅大军与椿对。椿告齐兵急，宪自往救之。会椿被敕追还，率兵夜反。齐人果以柏庵为帐幕之备，遂不敢进。翌日始悟。

092. 穷战

凡战，如我众敌寡，彼必畏我军势，不战而遁，切勿追之，盖物极则反也。宜整兵缓追，则胜。法曰："穷寇勿迫。"

汉赵充国讨先零羌，充国兵至，羌虏在所久屯聚，懈弛，望见大军，弃辎重，渡湟水。道隘狭，充国徐行驱之。或曰："逐利行迟。"充国曰："此穷寇，不可迫也。缓之则走不顾，急之则还死战。"诸校曰："善。"羌赴水溺死者数百，余皆奔溃。

093. 风战

凡与敌战，若遇风顺，致势而击之；若遇风逆，不意而捣之，则无有不胜。法曰："风顺，致势而从之；风逆，坚阵以待之。"

《五代史》：晋都排阵招讨使符彦卿等与契丹战于阳城，为敌所围，而军中无水，穿井辄崩。又东北风大起，敌顺风纵火，扬尘以助其势。军士皆愤怒，大呼曰：“都招讨何以用兵，令士卒枉死！”诸将请战。杜威曰：“候风稍缓，徐观可否？”李守贞曰：“彼众我寡，风沙之内，莫测多少，惟力战者胜，此风乃助我也。”呼曰：“诸军齐战贼！”符彦卿召诸将问计，或曰：“敌得风势，宜待风回。”彦卿亦以为然。右厢副使药元福曰：“今军饥渴已甚，若待风回，吾属皆为敌有矣！且敌谓我不能逆风以战，宜出其不意，急击之。此诡道也。”符彦卿等乃将精骑，奋力击之，逐北二十余里。契丹主奚车走十余里，追兵击之，得一橐驼，乘之遁去。晋军乃定。

094. 雪战

凡与敌相攻，若雨雪不止，视敌不备，可潜兵击之，其势可破。法曰：“攻其所不戒。”

唐遣唐邓节度使李愬讨吴元济。先是，愬遣将二千余骑巡逻，遇贼将丁士良，与战，擒之。士良，元济骁将，尝为东边患，众请刳其心，愬许之。士良无惧色，遂命解其缚。士良请尽死以报其德，愬署为捉生将。士良言于愬曰：“吴秀琳据文城栅，为贼左臂，官军不敢近者，有陈光洽为之主谋也。然光洽勇而轻，好自出战，请为擒之，则秀琳自降矣。”铁文及光洽被执，秀琳果降。愬延秀琳问计，答曰：“将军必欲破贼，非得李祐不可。”祐，贼健将也，有勇略，守兴桥栅，每战常轻官军。时祐率众割麦于野，愬遣史用诚以壮士三百伏林中，诱而擒之以归。将士争请杀之，愬独待以客礼，时复与语，诸将不悦。愬力不能独完，乃械祐送之京师，先密奏曰：“若杀祐，则无成功。”诏以佑还。见祐大喜，署为兵马使，令佩刀出入帐中。始定破蔡之计，令愬以突骑三千为前锋，李忠义副之；愬以监军三千为中军，李进诚以三千殿为后军。令曰：“且东行！”六十里，夜至张柴村，尽杀其卒，敕士少休。令士卒食干粮，整羁靮、鞍铠、弓刃。时大雪，旗旆折裂，人马冻死者相望，人人自谓必死。诸校请所之，愬曰：“入蔡州，取吴元济。”众皆失色。相泣曰：“果落李祐奸计。”然畏愬，莫敢违。夜半，雪愈盛，分轻兵断贼朗山之援，又断洄曲及诸道桥梁，行七十里至悬瓠城。城旁皆鹅鹜池，愬击之以乱声。初，蔡人拒命，官军三十年不能至其城下，故蔡人皆不为备。祐等攀城先登，众从之。杀守门者，而留击柝者，纳其众城中。鸡鸣雪止，遂执元济，监送京师，而淮西悉平矣。

095. 养战

凡与敌战，若我军曾经挫衄，须审察士卒之气。气盛，则激励再战；气衰，则且养锐，待其可用而使之。法曰："谨养勿劳，并气积力。"

秦始皇问李信曰："吾欲取荆，度用几何人？"对曰："不过二十万人。"及问王翦，曰："非六十万人不可。"王曰："将军老矣，何怯也！"乃命信及蒙恬将二十万人伐荆。翦因不用，遂谢病归频阳。信与蒙恬攻楚，大破之。乃引兵西，与蒙恬会城父。荆人因随之，三日不顿舍，大败信军，入两壁，杀七都尉，信奔还。王怒，自至频阳见王翦，强起之。对曰："老臣悖乱，大王必不得已用臣，非六十万人不可。"王从之。翦遂将兵，王送至灞上。荆人闻之，悉兵以御翦。翦坚壁不战，日休士卒洗沐，而善饮食抚循之，与士卒同甘苦。久之，问："军中戏乎？"对曰："方投石超距。"翦曰："可用矣。"荆人既不得战，乃引而东。翦追击，大破之。至蕲南，杀其将军项燕，荆兵遂败走，翦乘胜略定城邑。

096. 书战

凡与敌对垒，不可令军士通家书、亲戚往来，恐言语不一，众心疑惑。法曰：“信通问，则心有所恐；亲戚往来，则心有所恋。”

蜀将关羽屯江陵，吴以吕蒙代鲁肃屯陆口。蒙初至，外倍修恩德，与羽厚结好。后蒙袭收公安、南郡，而蜀将皆降于蒙。蒙入据城，得羽及将士家属，皆抚慰，令军卒不得干历人家，有所取求。蒙麾下士，与蒙同汝南人，取民一笠，以覆官铠，虽公，蒙犹以为犯军令，不可以乡里故废法，乃泣而斩之。于是，军中震栗，道不拾遗。蒙旦暮使亲近存恤耆老，问所不足，疾病者给医药，饥寒者与衣粮。羽还，在道路，每使人相问，蒙辄厚遇之，周游城中，家家致问。羽人还，私相参问，咸贺家门无恙，相待过于平时，故羽士卒无斗志。会权又至，羽西走漳乡，众皆降。

097. 变战

凡兵家之法，要在应变，好在知兵。举动必先料敌，敌无变动，则待之；乘其有变，随而应之，乃利。法曰："能因敌变化而取胜者，谓之神。"

五代梁末，魏博兵乱，贺德伦降晋，庄宗入魏。梁将刘鄩乃军于莘县，增垒浚池，自莘及河筑甬道输饷。梁帝诏鄩出战，曰："晋将未易击，候进取，苟得机便，岂敢坐滋患害。"帝又遣使问决胜之策。对曰："臣无奇谋，但人给十斛粮，尽皆破敌。"帝怒曰："将军留米将疗饥耶？"又遣使督战。鄩谓诸校曰："大将专征，君命有所不受。临敌制变，安可预谋？今揣彼自气盛，难可轻克，诸君以为如何？"众皆欲战，鄩默然。乃复召诸将列军门，人给河水一杯，因命饮之。众未测其意，或饮或辞。鄩曰："一杯之难若是，滔滔河流可尽乎？"众皆失色。时庄宗兵压鄩营，亦不出。帝又数遣人促之，鄩以万人薄其营，俘获甚众。少顷，晋兵既至，鄩退，复战于故元城，庄宗与李存审夹击，梁兵大败。

098. 畏战

凡与敌战，军中有畏怯者，鼓之不进，未闻金先退，须择而杀之，以戒其众。若三军之士，人人皆惧，不可加诛戮。须假之以颜色，说之以利害，示以不畏，喻以不死，则众心自安。法曰：“执戮禁畏，太畏则勿杀戮；示之以颜色，告之以所生。”

《南史》：陈武帝讨王僧辩，先召文育与谋。时僧辩婿杜龛据吴兴，兵甚众。武帝密令陈倩速还长城，立栅备之。龛遣将杜泰乘虚掩至。将士相视失色，倩言笑自若，部分益明，于是众心乃定。

099. 好战

夫兵者，凶器也；战者，逆德也，实不获已而用之。不可以国之大、民之众，尽锐征伐，争战不止，终致败亡，悔无所追。然兵犹火也，弗戢，将有自焚之患；黩武穷兵，祸不旋踵。法曰：“国虽大，好战必亡。”

隋之炀帝，国非不大，民非不众，嗜武好战，日寻干戈，征伐不休，及事变兵败辽城，祸起萧墙，岂不为后世笑乎？吁，为人君者，可不慎哉！

100. 忘战

凡安不忘危，治不忘乱，圣人之深戒也。天下无事，不可废武，虑有弗庭，无以捍御。必须内修文德，外严武备，怀柔远人，戒不虞也。四时讲武之礼，所以示国不忘战。不忘战者，教民不离乎习兵也。法曰："天下虽安，忘战必倾。"

唐玄宗时，承平日久，毁戈牧马，罢将休兵，国不知备，民不知战。及安史之乱，仓卒变生于不图，文士不足以为将，市人不足以为战，而神器几危，旧物几失。吁，战岂可忘乎哉！

曾胡治兵语录

蔡锷 辑

曾——曾国藩　胡——胡林翼　左——左宗棠　松坡——蔡锷

序

辛亥之春，余应合肥李公之召，谬参戎职。时片马问题纠葛方殷，瓜分之谣诼忽起，风鹤频惊，海内骚然。吾侪武夫，惟厉兵秣马，赴机待死耳，复何暇从事文墨，以自溺丧？乃者统制钟公有嘱编精神讲话之命，余不得不有以应。窃意论今不如述古，然古代渺矣，述之或不适于今。曾、胡两公，中兴名臣中铮佼者也，其人其事，距今仅半世纪。遗型不远，口碑犹存，景仰想象，尚属匪难。其所论列，多洞中窍要，深切时弊。爰就其治兵言论，分类凑辑，附以按语，以代精神讲话。我同胞列校，果能细加演绎，身体力行，则懿行嘉言，皆足为我师资，丰功伟烈，宁独让之先贤！

宣统三年季夏，邵阳蔡锷识于昆明

第一章　将材

带兵之人，第一要才堪治民，第二要不怕死，第三要不急急名利，第四要耐受辛苦。治兵之才，不外公明勤。不公不明，则兵不悦服；不勤，则营务巨细，皆废弛不治，故第一要务在此。不怕死，则临阵当先，士卒乃可效命，故次之。为名利而出者，保举稍迟则怨，稍不如意则怨，与同辈争薪水，与士卒争毫厘，故又次之。身体羸弱者，过劳则病，精神短乏者，久用则散，故又次之。四者似过于求备，而苟阙其一，则万不可带兵。故吾谓带兵之人，须智深勇沉之士，文经武纬之才，数月以来，梦想以求之，焚香以祷之，盖无须臾或忘诸怀。大抵有忠义血性，则四者相从以俱至；无忠义血性，则貌似四者，终不可恃。

带兵之道，勤恕廉明，缺一不可。

（以上曾语）

求将之道，在有良心，有血性，有勇气，有智略。

天下强兵在将。上将之道，严明果断，以浩气举事，一片肫诚；其次者，刚而无虚，朴而不欺，好勇而能知大义。要未可误于矜骄虚浮之辈，使得以巧饰取容，真意不存，则成败利钝之间，顾忌太多，而趋避愈熟，必至败乃公事。

将材难得，上驷之选，未易猝求。但得朴勇之士，相与讲明大义，不为虚骄之气，夸大之词所中伤，而缓急即云可恃。

兵易募而将难求。求勇敢之将易，而求廉正之将难。盖勇敢倡先，是将帅之本分，而廉隅正直，则粮饷不欺，赏罚不滥，乃可固结士心，历久常胜。

将以气为主，以志为帅。专尚驯谨之人，则久而必惰；专求悍鸷之士，则久而必骄。兵事毕竟归于豪杰一流，气不盛者，遇事而气先馁，而目先逃，而心先摇。平时一一禀承，奉命惟谨，临大难而心中无主，其识力既钝，其胆力必减，固可忧之大矣。

（以上胡语）

古来名将，得士卒之心，盖有在于钱财之外者。后世将弁，专恃粮重饷优，为牢笼兵心之具，其本为已浅矣。是以金多则奋勇蚁附，利尽则冷落兽散。

军中须得好统领营官。统领营官，须得真心实肠，是第一义。算路程之远近，算粮仗之缺乏，算彼己之强弱，是第二义。二者微有把握，此外良法虽多，调度虽善，有效有不效，尽人事以听天而已。

璞山之志，久不乐为吾用，且观其过自矜许，亦似宜于剿土匪，而不宜于当大敌。

拣选将材，必求智略深远之人，又须号令严明，能耐劳苦，三者兼全，乃为上选。

（以上曾语）

李忠武公续宾，统兵巨万，号令严肃，秋毫无犯，湖南、湖北、安徽、江西、浙江等省官民，无不争思倚重。其临阵安闲肃穆，厚重强固，凡遇事之难为，而他人所畏怯者，无不毅然引为己任，其驻营处所，百姓欢忭，耕种不辍，万幕无哗，一尘不惊。非其法令之足以禁制诸军，实其明足以察情伪。一本至诚，勇冠三军，屡救弁兵于危难。处事接人，平和正直，不矜不伐。

乌将军兰泰，遇兵甚厚，雨不张盖，谓众兵均无盖也。囊无余钱，得饷尽以赏兵。

兵事不外奇正二字，而将材不外智勇二字，有正无奇，遇险而覆，有奇无正，势极即阻。智多勇少，实力难言，勇多智少，大事难成。而其要以得人为主。得人者昌，失人者亡。设五百人之营，无一谋略之士，英达之材，必不成军；千人之营，无六七英达谋略之士，亦不成军。

统将须坐定能勇敢不算本领外，必须智足以知兵，器识足以服众，乃可胜任。总须智勇二字相兼。有智无勇，能说而不能行；有勇无智，则兵弱而败，兵强亦败；不明方略，不知布置，不能审势，不能审机，即千万人终必败也。

贪功者决非大器。

为小将须立功以争胜，为大将戒贪小功而误大局。

（以上胡语）

打仗不慌不忙，先求稳当，次求变化，办事无声无臭，既要精到，又要简捷。

俭以养廉，直而能忍。

为政之道，得人治事，二者并重。得人不外四事，曰广收，慎用，勤教，严绳；治事不外四端，曰经分，纶合，详思，约守。

（以上曾语）

古人论将有五德，曰：智、信、仁、勇、严。取义至精，责望至严，西人之论将辄曰“天才”，析而言之，则曰天所特赋之智与勇。而曾胡两公之所同倡者，则以为将之道，以良心血性为前提，尤为扼要探本之论，亦即现身之说法。咸同之际，粤寇蹂躏十余省，东南半壁，沦陷殆尽，两公均一介书生，出身词林，一清宦，一僚吏，其于兵事一端，素未梦见，所供之役，所事之事，莫不与兵事背道而驰，乃为良心血性二者所驱使，遂使其“可能性”发展于绝顶，武功烂然，泽被海内。按其功事言论，足与古今名将相颉颃而毫无逊色。得非精诚所感，金石为开者欤？苟曾胡之良心血性，而无异于常人也，充其所至，不过为一显宦，否则亦不过薄有时誉之著书家，随风尘以殓瘁已耳，复何能崛起行间，削平大难，建不世之伟绩也哉！

（以上松坡评语）

第二章　用人

今日所当讲求，尤在用人一端。人才有转移之道，有培养之方，有考察之法。

人才以陶冶而成，不可眼孔太高，动谓无人可用。

窃疑古人论将，神明变幻，不可方物。几于百长并集，一短难容。恐亦史册追崇之词，初非预定之品。要以衡材不拘一格，论事不求苛细，无因寸朽而弃连抱，无因数罟以失巨鳞，斯先哲之恒言，虽愚蒙而可勉。

求人之道，须如白圭之治生，如鹰隼之击物，不得不休。又如蚨之有母，雉之有媒，以类相求，以气相引，庶几得一而可及其余。

大抵人才约有两种，一种官气较多，一种乡气较多。官气较多者，好讲资格，好问样子，办事无惊世骇俗之象，言语无此妨彼碍之弊。其失也，奄奄无气，乃遇一事，但凭书办家人之口说出，凭文书写出，不能身到心到口到眼到，尤不能苦下身段，去事上体察一番。乡气多者，好逞才能，好出新样，行事则知己不知人，言语则顾前不顾后，其失也，一事未成，物议先腾。两者之失，厥咎惟均。人非大贤，亦断难出此两失之外。吾欲以"劳苦忍辱"四字教人，故且戒官气而姑用乡气之人。必取遇事体察、身到心到口到眼到者。赵广汉好用新进少年，刘晏好用士人理财，窃愿师之。

（以上曾语）

一将岂能独理？则协理之文员武弁，在所必需。虽然，软熟者不可用，谄谀者不可用，胸无实际、大言欺人者不可用。

营官不得人，一营皆成废物；哨官不得人，一哨皆成废物；什长不得人，十人皆成废物。滥取充数，有兵如无兵也。

选哨官、什长，须至勇至廉。不十分勇，不足以倡众人之气；

不十分廉，不足以服众人之心。

近人贪利冒功，今日求乞差使，争先恐后，即异日首先溃散之人。屈指计之，用人不易。

人才因求才者之智识而生，亦由用才者之分量而出。用人如用马，得千里之马而不识，识矣而不能胜其力，则且乐驽骀之便安，而斥骐骥之伟骏矣。

古之治兵，先求将而后选兵。今之言兵者，先招兵而并不择将，譬之振衣者，不提其领而挈其纲，是棼之也，将自毙矣。

（以上胡语）

无兵不足深忧，无饷不足痛哭，独举目新世，求一攘利不先、赴义恐后、忠愤耿耿者，不可亟得。此其可为浩叹也。

专从危难之际，默察朴拙之人，则几矣。

人才非困厄则不能激，非危心深虑则不能达。

（以上曾语）

非知人不能善其任；非善任不能谓之知人；非开诚心布公道，不能尽人之心；非奖其长护其短，不能尽人之力；非用人之朝气，不能尽人之才；非令其优劣得所，不能尽人之用。

（以上左语）

曾谓人才以陶冶而成，胡亦曰人才由用才者之分量而出，可知用人不必拘定一格，而熏陶裁成之术，尤在用人者运之以精心，使人人各得显其所长，去其所短而已。窃谓人才随风气为转移，居上位者有转移风气之责，因势而利导，对病而下药，风气虽败劣，自有挽回之一日。今日吾国社会风气败坏极矣，因而感染至于军队，以故人才消乏，不能举练兵之实绩。颓波浩浩，不知所届，惟在多数同心共德之君子，相与提挈维系，激荡挑拨，障狂澜使西倒，俾善者日趋于善，不善者亦潜移默化，则人皆可用矣。

（以上松坡评语）

第三章　尚志

凡人才高下，视其志趣。卑者安流俗庸陋之规，而日趋污下；高者慕往哲隆盛之轨，而日即高明。贤否智愚，所由区矣。

无兵不足深忧，无饷不足痛哭。独举目斯世，求一攘利不先、赴义恐后、忠愤耿耿者，不可亟得；或仅得之，而又屈居卑下，往往抑郁不伸，以挫以去以死，而贪饕退缩者，果骧首而上腾，而富贵，而名誉，而老健不死，此其可浩叹者也。

今日百废莫举，千疮并溃，无可收拾，独赖此耿耿精忠之寸衷，兴斯民相对于骨岳血渊之中，冀其塞绝横流之人欲，以挽回厌乱之天心，庶几万一有补。不然，但就时局而论之，则滔滔者吾不知其所底也！

胸怀广大，须从平淡二字用功。凡人我之际须看得平，功名之际须看得淡，庶几胸怀日阔。

做好人，做好官，做名将，俱要好师、好友、好榜样。

喜誉恶毁之心，即鄙夫患得患失之心也。于此关打不破，则一切学问才智，实足以欺世盗名。

方今天下大乱，人怀苟且之心，出范围之外，无过而问焉者。吾辈当立准绳，自为守之，并约同志共守之，无使吾心之贼破吾心之墙。

君子有高世独立之志，而不与人以易窥，有藐万乘、却三军之气，而未尝轻于一发。

君子欲有所树立，必自不妄求人知始。

古人患难忧虞之际，正是德业长进之时，其功在于胸怀坦夷，其效在于身体康健。圣贤之所以为圣贤，佛家之所以成佛，所争皆在大难磨折之日。将此心放得实，养得灵，有活泼泼之胸襟，有坦荡荡之意境，则身体虽有外感，必不至于内伤。

（以上曾语）

军中取材，专尚朴勇，尚须由有气概中讲求。特恐讲求不真，即浮气客气，夹杂其中，非真气耳。

人才由磨炼而成，总须志气胜，乃有长进。成败原难逆睹，不足以定人才。

兵事以人才为根本，人才以志气为根本。兵可挫而气不可挫，气可偶挫而志不可挫。

方今天下之乱，不在强敌而在人心，不患愚民之难治，而在士大夫之好利忘义而莫之惩。

吾人任事，与正人同死，死亦附于正气之列，是为正命。附非其人，而得不死，亦为千古之玷，况又不能无死耶！处世无远虑，必有危机，一朝失足，则将以薰莸为同臭，而无解于正人之讥评。

（以上胡语）

士人第一要有志，第二要有识，第三要有恒。有志则不甘为下流；有识则知学问无尽，不敢以一得自足；有恒则断无不成之事。三者缺一不可。诸弟此时，惟有识不可骤几，有志有恒，则诸弟勉之而已。

凡人心之发，必一鼓作气，尽吾力之所能为，稍有转念，则疑心生，私心亦生。

余死生早已置之度外，但求临死之际，寸心无可悔憾，斯为大幸。

舍命报国，侧身修行。

古称“金丹换骨”，余谓立志即丹也。

（以上曾语）

天下纷纷，吾曹适丁其厄，武乡侯不云乎“成败利钝，非所逆睹”，则亦殚其心力，尽其职守，静以待之而已。

（以上左语）

右列各节，语多沉痛，悲人心之陷溺，而志节之不振也。今日时局之危殆，祸机之剧烈，殆十倍于咸同之世，吾侪身膺军职，非大发志愿，以救国为目的，以死为归属，不足渡同胞于苦海，置国家于坦途。须以耿耿精忠之寸衷，献之骨岳血渊之间，毫不反顾，始能有济。果能拿定主见，百折不磨，则千灾百难，不难迎刃而解。若吾辈军人，将校则以跻高位、享厚禄、安福尊荣为志，目兵则以希虚誉、得饷糈为志，曾胡两公必痛哭于九泉矣。

（以上松坡评语）

第四章　诚实

天地之所以不息，国之所以立，圣贤之德业所以可大可久，皆诚为之也。故曰：诚者物之终始，不诚无物。

人必虚中，不着一物，而后能真实无妄。盖实者不欺之谓也，人之所以欺人者，必心中别着一物，心中别有私心，不敢告人，而后造伪言以欺人。若心中了不着私物，又何必欺人哉？其所以欺人者，亦以心中别着私物也。所知在好德，而所私在好色，不能去好色之私，则不能不欺其好德之知矣。是故诚者，不欺者也，不欺者心无私着也。无私着者，至虚者也。是故天下之至诚，天下之至虚者也。当读书则读书，心无着于见客也。当见客则见客，心无着于读书也，一有着，则私也。灵明无着，物来顺应，未来有迎，当时不杂，既过不恋，是之谓虚而已矣，是之谓诚而已矣。

知己之过失，即自为承认之地，改去毫无吝惜之心，此最难之事。豪杰之所以为豪杰，圣贤之所以为圣贤，便是此等处磊落过人。能透过此一关，寸心便异常安乐，省得多少纠葛，省得多少遮掩装饰丑态。

盗虚名者，有不测之祸；负隐慝者，有不测之祸；怀忮心者，有不测之祸。

天下惟忘机可以消众机，惟懵懂可以祓不祥。

用兵久则骄惰自生，骄惰则未有不败者。勤字所以医惰，慎字所以医骄，二字之先，须有一诚字以立之本。立意要将此事知得透，辨得穿。精诚所至，金石亦开，鬼神亦避，此在己之诚也。人之生也直，与武员之交接，尤贵乎直。文员之心，多曲多歪，多不坦白，往往与武员不相水乳，必尽去歪曲私衷，事事推心置腹，使武人粗人坦然无疑，此接物之诚也。以诚为之本，以勤字慎字为之用，庶几免于大戾，免于大败。

楚军水陆师之好处，全在无官气而有血性。若官气增一分，血性必减一分。

军营宜多用朴实少心窍之人，则风气易于纯正。今大难之起，无一兵足供一割之用，实以官气太重，心窍太多，漓朴散醇，真意荡然。湘军之兴，凡官气重心窍多者，在所必斥。历岁稍久，亦未免沾染习气，应切戒之。

观人之道，以朴实廉介为质。有其质而傅以他长，斯为可贵。无其质而长处亦不足恃。甘受和，白受彩，古人所谓无本不立，意或在此。

将领之浮滑者，一遇危机之际，其神情之飞越足以摇惑军心，其言语之圆滑足以淆乱是非，故楚军历不喜用善说话之将。

今日所说之话，明日勿因小利害而变。

军事是极质之事，二十三史除班马而外，皆文人以意为之。不知甲仗为何物，战阵为何事，浮词伪语，随意编造，断不可信。

凡正话实话，多说几句，久之人自能共亮其心。即直话亦不妨多说，但不可以讦为直，尤不可背后攻人之短。驭将之道，最贵推诚，不贵权术。

吾辈总以诚心求之，虚心处之。心诚则志专而气足，千磨百折，而不改其常度，终有顺理成章之一日。心虚则不客气，不挟私见，终可为人共谅。

楚军之所以耐久者，亦由于办事结实，敦朴之气未尽浇散。若奏报浮伪，不特畏遐迩之指摘，亦恐坏桑梓之风气。

自古驭外国，或称恩信，或称威信，总不出一信字。非必显违条约，轻弃前诺，而后为失信也。即纤悉之事，颦笑之间，亦须有真意载之以出。心中待他只有七分，外面不必假装十分。既已通和讲好，凡事公平照拂，不使远人吃亏，此恩信也。至于令人畏敬，全在自立自强，不在装模作样。临难有不屈挠之节，临财有不沾染之廉，此威信也。《周易》立家之道，尚以有孚之威归诸反身，况立威于外域，求孚于异族，而可不反求诸己哉？斯二者，似迂远而不切于事情，实则质直而消患于无形。

（以上曾语）

破天下之至巧者以拙，驭天下之至纷者以静。

众无大小，推诚相与。咨之以谋，而观其识；告之以祸，而观其勇；临之以利，而观其廉；期之以事，而观其信。知人任人，不外是矣。近日人心，逆意万端，亦难穷究其所在，惟诚之至，可救欺诈之穷。欺一事而不能欺诸事，事欺一时，不能欺之后时。不可不防其欺，不可因欺而灰心所办之事。所谓贞固足以干事也。

吾辈不必世故太深，天下惟世故深误国事耳。一部《水浒》，教坏天下强有力而思不逞之民；一部《红楼》，教坏天下堂官掌印司官督抚司道首府及一切红人，专意揣摩迎合，吃醋捣鬼。当痛除此习，独行其志。阴阳怕懵懂，不必计及一切。

人贵专一，精神所至，金石为开。

军旅之事，胜败无常，总贵确实而戒虚捏。确实则准备周妥，虚饰则有误调度，此治兵之最要关键也。粤逆倡乱以来，其得以肆志猖獗者，实由广西文武欺饰捏报，冒功幸赏，以致蔓延数省，流毒至今，莫能收拾。

事上以诚意感之，实心待之，乃真事上之道。若阿附随声，非敬也。

挟智术以用世，殊不知世间并无愚人。

以权术凌人，可驭不肖之将，而亦仅可取快于一时。本性忠良之人，则并不烦督责而自奋也。

（以上胡语）

君子之道，莫大乎以忠诚为天下倡。世之乱也，上下纵于亡等之欲，奸伪相吞，变诈相角，自图其安而予人以至危，畏难避害，曾不肯捐丝粟之力以拯天下。得忠诚者起而矫之，克己而爱人，去伪而崇拙，躬履诸难，而不责人以同患，浩然捐生，如远游之还乡，而无所顾悸。由是众人效其所为，亦皆以苟活为羞，以避事为耻。呜呼！吾乡数君子所以鼓舞群伦，历九载而戡大乱，非拙且诚者之效欤？

凡说话不中事理，不担斤两者，其下必不服。

（以上曾语）

吾国人心，断送于伪之一字。吾国人心之伪，足以断送国家及其种族而有余。上以伪驱下，下以伪事上，同辈以伪交，驯至习惯于伪，只知伪之利，不知伪之害矣。人性本善，何乐于伪，惟以非伪不足以自存，不得不趋于伪之一途。伪者人固莫耻其为伪，诚者群亦莫知其为诚，且转相疑骇，于是由伪生疑，由疑生嫉，嫉心既起，则无数恶德，从之俱生，举所谓伦常道德，皆可蹴去不顾。呜呼！伪之为害烈矣！军队之为用，全恃万众一心，同袍无间，不容有丝毫芥蒂，此尤在有一诚字为之贯串，为之维系。否则，如一盘散沙，必将不戢自焚。社会以伪相尚，其祸伏而缓；军队以伪相尚，其祸彰而速且烈。吾辈既充军人，则将伪之一字，排斥之不遗余力，将此种性根拔除净尽，不使稍留萌蘖，乃可以言治兵，乃可以为将，乃可以当兵。惟诚可以破天下之伪，惟实可以破天下之虚。李广疑石为虎，射之没羽；荆轲赴秦，长虹贯日，精诚之所致也。

（以上松坡评语）

第五章　勇毅

大抵任事之人，断不能有毁而无誉，有恩而无怨。自修者但求大闲不逾，不可因讥议而馁沉毅之气。衡人者，但求一长可取，不可因微瑕而弃有用之材，苟于峣峣者过事苛求，则庸庸者反得幸全。

事会相薄，变化乘除，吾尝举功业之成败，名誉之优劣，文章之工拙，概以付之运气一囊之中，久而弥自信其说不可易也。然吾辈自信之道，则当与彼赌乾坤于俄顷，较殿最于锱铢，终不令囊独胜而吾独败。

国藩昔在江西、湖南，几于通国不能相容，六七年间，浩然不欲复闻世事，惟以造端过大，本以不顾生死自命，宁当更问毁誉！

遇棘手之际，须从耐烦二字痛下工夫。

我辈办事，成败听之天命，毁誉听之于人，惟在己之规模气象，则我有可以自立者，亦曰不随众人之喜惧耳。

军事棘手之际，物议指摘之时，惟有数事最宜把持得定：一曰待民不可骚扰，二曰禀报不可讳饰，三曰调度不可散乱。譬如舟行，遇大风暴，只要把舵者心明力定，则成败虽未可知，要胜于他舟之慌乱者数倍。

若从流俗毁誉上讨消息，必致站脚不牢。

（以上曾语）

“不怕死”三字言之易，行之实难，非有胆有良心者不可。仅以客气为之，一败即挫矣。

天下事只在人力作为，到水尽山穷之时，自有路走，只要切实去办。

冒险二字，势不能免，小心之过，则近于葸。语不云乎："不入虎穴，焉得虎子！"

国家委用我辈，既欲稍稍补救于斯民，岂可再避嫌怨？须知祸福有定命，显晦有定时，去留有定数。避嫌怨者未必得，不避嫌怨，未必失也。古人忧馋畏讥，非惟求一己之福也，盖当其事，义无可辞，恐谗谤之飞腾，陷吾君以不明之故。故悄悄之忧心，致其忠爱之忱耳。至于一身祸福进退，何足动其毫末哉？

胆量人人皆小，只需分别平日胆小，临时胆大耳。今人则平日胆大，临时胆小，可痛也已！

讨寇之志，不以一眚而自挠，而灭寇之功，必须万全而自立。

两军交绥，不能不有所损，固不可因一眚而挠其心，亦不可因大胜而有自骄轻敌之心。纵常打胜仗，亦只算家常便饭，并非奇事。惟心念国家艰难，生民涂炭，勉竭其愚，以求有万一之补救，成败利钝，实关天命，吾尽吾心而已。

侥幸以图难成之功，不如坚忍而规远大之策。

兵事无万全，求万全者无一全，处处谨慎，处处不能谨慎。历观古今战事，如刘季、光武、唐太宗、魏武帝，均日濒于危，其济天也。

不当怕而怕，必有当怕而不怕者矣。

战事之要，不战则已，战则须挟全力；不动则已，动则须操胜算。如有把握，则坚守一月二月三月，自有良方。今日之人，见敌即心动，不能自主，可戒也。

古今战阵之事，其成事皆天也，其败事皆人也。兵事怕不得许多，算到五六分，便须放胆放手，本无万全之策也。

（以上胡语）

贤达之起，其初类有非常之撼顿，颠蹶战兢，仅而得全，蹶疾生其德术，荼蘖坚其筋骨，是故安而思危，乐而不荒。

道微俗薄，举世方尚中庸之说，闻激烈之行，则訾其过中，或以罔济尼之，其果不济，则大快奸者之口。夫忠臣孝子，岂必一一求有济哉！势穷计迫，义无反顾，效死而已矣！其济，天也，不济，于吾心无憾焉耳。

时事愈艰，则挽回之道，自须先之以戒惧惕厉，傲兀郁积之气，足以肩任艰巨，然视事太易，亦是一弊。

（以上曾语）

人心思乱，不自今日始，亦不自今日止。除日日练兵，人人讲武，则无补救之方。练一日得一日之力，练一人得一人之力。

时艰事急，当各尽其心力所能，不必才之果异于人，事之果期于成也。遇事每谋每断，不谋不断，亦终必亡。与其坐亡，不如谋之。

不苦撑，不咬牙，终无安枕之日。

近事非从吏治人心痛下工夫，涤肠荡胃，必难挽回。

（以上胡语）

大局日坏，吾辈不可不竭力支持，做一分，算一分，在一日，撑一日。

强毅之气，决不可无，然强毅与刚愎有别。古语云：自胜之谓强，曰强制，曰强恕，曰强为善，皆自胜之义也。如不惯早起，而强之未明即起；不惯庄敬，而强之坐尸立斋；不惯劳苦，而强之与士卒同甘苦。强之勤劳不倦，是即强也。不惯有恒，而强之有恒，即毅也。舍此而求以勇气胜人，是刚愎而已矣。二者相似，而其流相去霄壤，不可不察，不可不谨。

日慎一日，以求事之济，一怀焦愤之念，则恐无成。千万忍耐千万忍耐。“久而敬之”四字，不特处朋友为然，即凡事亦莫不然。

袁了凡所谓从前种种譬如昨日死，从后种种譬如今日生，另起炉灶，重开世界。安知此两番之大败，非天之磨练英雄，使予大有长进乎？谚云：吃一堑，长一智。吾生平长进全在受挫受辱之时，务须咬牙励志，蓄其气而长其智，切不可苶然自馁也。

予当此百端拂逆之时，亦只有逆来顺受之法，仍不外悔字诀、硬字诀而已。

百种弊病，皆从懒生，懒则弛缓，弛缓则治人不严，而趣功不敏，一处迟则百处懈矣。

（以上曾语）

勇有狭义、广义的，及急遽的、持续的之别。暴虎冯河，死而无悔，临难有苟，义无反顾，此狭义的、急遽的者也。成败利钝，非所逆睹，鞠躬尽瘁，死而后已，此广义的、持续的者也。前者孟子所谓小勇，后者所谓大勇，所谓浩然之气者也。右章所列，多指大勇而言，所谓勇而毅也。军人之居高位者，除能勇不算外，尤须于毅之一字，痛下工夫。挟一往无前之志，具百折不回之气，毁荣誉辱死生皆可不必计较，惟求吾良知之所安。以吾之大勇表率无数之小勇，则其为力也厚，为效也广。至于级居下僚（将校以至目兵），则应以勇为唯一之天性，以各尽其所职。不独勇于战阵也，即平日一切职务，不宜稍示怯弱，以贻军人之羞。世所谓无名之英雄者，吾辈是也。

（以上松坡评语）

第六章　严明

古人用兵，先明功罪赏罚。

救浮华者莫如质，积玩之后，振之以猛。

医者之治瘠痈，甚者必剜其腐肉，而生其新肉。今日之劣弁羸兵，盖亦当为简汰，以剜其腐肉者，痛加训练，以生其新者。不循此二道，则武备之弛，殆不知所底止。

太史公所谓循吏者，法立令行，能识大体而已。后世专尚慈惠，或以煦煦为仁者当之，失循吏之义矣。为将之道，亦以法立令行，整齐严肃为先，不贵煦妪也。

立法不难，行法为难。凡立一法，总须实实行之，且常常行之。

九弟临别，深言驭下宜严，治事宜速。余亦深知驭军驭吏，皆莫先于严。特恐明不傍烛，则严不中礼耳。

吕蒙诛取铠之人，魏绛戮乱行之仆。古人处此，岂以为名，非是无以警众耳。

近年驭将，失之宽厚，又与诸将相距遥远，危险之际，弊端百出，然后知古人所云“作事威克厥爱，虽少必济”，反是乃败道耳。

（以上曾语）

自来带兵之员，未有不专杀立威者，如魏绛戳仆，穰苴斩庄贾，孙武致法于美人，彭越之诛后至者，皆是也。

世变日移，人心日趋于伪，优容实以酿祸，姑息非以明恩，居今日而为政，非用霹雳手段，不能显菩萨心肠，害马既去，伏龙不惊，则法立知恩。吾辈任事，只尽吾义分之所能为，以求衷诸理之至，是不必故拂乎人情，而任劳任怨，究无容其瞻顾之思。

号令未出，不准勇者独进；号令既出，不准怯者独止。如此则功罪明而心志一矣。

兵，阴事也，以收敛固啬为主；战，勇气也，以节宣提倡为主。故治军贵执法谨严，能训能练，禁烟禁赌，戒逸乐，戒懒散。

治将乱之国，用重典；治久乱之地，宜予以生路。

行军之际，务须纪律严明，队伍整齐，方为节制之师。如查有骚扰百姓，立即按以军法。吕蒙行师，不能以一笠宽其乡人，严明之谓也；绛侯治兵，不能以先驱犯其垒壁，整齐之谓也。

立法宜严，用法宜宽，显以示之纪律，隐以激其忠良，庶几畏威怀德，可成节制之师。若先宽后严，为恐始习疲玩，终生怨尤，军政必难整饬。

（以上胡语）

治军之要，尤在赏罚严明。煦煦为仁，足以隳军纪而误国事，此尽人所皆知者。近年军队风气，纪纲大弛，赏罚之宽严每不中程，或姑息以图见好，或故为苛罚以示威。以爱憎为喜怒，凭喜怒以决赏罚，于是赏不知感，罚不知畏。此中消息，由于人心之浇薄者居其半，而由于措施之乖方者亦居半。当此沓泄成风，委顿疲玩之余，非振之以猛，不足以挽回颓风。与其失之宽，不如失之严。法立然后知恩，威立然后知感。以菩萨心肠，行霹雳手段，此其时矣。是望诸勇健者，毅然行之而无稍馁，则军事其有豸乎。

（以上松坡评语）

第七章　公明

人君以生杀予夺之权，授之将帅，犹东家之钱银货物，授之店中众伙。若保举太滥，视人君之名器，不甚爱惜，犹之贱售浪费，视东家之货财，不甚爱惜也。介之推曰：窃人之财，犹谓之盗，况贪天之功，以为己功乎！余则略改之曰：窃人之财，犹谓之盗，况假大君之名器，以市一己之私恩乎！ 余忝居高位，惟此事不能力挽颓风，深为愧惭。

窃观自古大乱之世，必先变乱是非，而后政治颠倒，灾害从之。屈原之所以愤激沉江而不悔者，亦以当日是非淆乱为至痛。故曰：兰芷变而不芳，荃蕙化而为茅！又曰：固时俗之从流，又熟能无变化？伤是非之日移日淆，而几不能自立也。后世如汉晋唐宋之末造，亦由朝廷之是非先紊，而后小人得志，君子有遑遑无依之象。推而至于一省之中，一军之内，亦必其是非不揆于正，而后其政绩少有可观。赏罚之任，视乎权位，有得行有不得行。至于维持是非之公，则吾辈皆有不可辞之责，顾亭林先生所谓匹夫与有责焉者也。

大抵莅事以明字为第一要义，明有二：曰高明，曰精明。同一境而登山者独见其远，乘城者独觉其旷，此高明之说也。同一物而臆度者不如权衡之审，目巧者不如尺度之精，此精明之说也。凡高明者欲降心抑志以遽趋于平实，颇不易易。若能事事求精，轻重长短，一丝不差，则渐实矣，能实则渐平矣。

凡利之所在，当与人共分之；名之所在，当与人共享之。居高位以知人晓事二者为职。知人诚不易学，晓事则可以阅历黾勉得之。晓事则无论同己异己，均可徐徐开悟，以冀和衷。不晓事则挟私固谬，秉公亦谬；小人固谬，君子亦谬；乡愿固谬，狂狷亦谬。重以不知人，则终古相背而驰，决非和协之理。故恒言皆以分别君子小人为要。而鄙论则谓天下无一成不变之君子，亦无一成不变之小人。今日能知人能晓事，则为君子；明日不知人不晓事，则为小人。寅刻公正光明，则为君子；卯刻偏私晻暧，则为小人。故群毁群誉之所在，下走常穆然深念，不能附和。

营哨官之权过轻，则不能各行其志。危险之际，爱而从之者或有一二，畏而从之者则无其事也。此中消息，应默察之，而默挽之。总揽则不无偏蔽，分寄则多所维系。

（以上曾语）

举人不能不破格，则须循名核实，否则人即无言，而我心先愧矣。

世事无真是非，特有假好恶。然世之徇私以枉事者，试返而自问，异日又岂能获私利之报于所徇私利之人哉？盍亦返其本矣。

天下惟左右习近不可不慎，左右习近无正人，即良友直言亦不能进。

朝廷爵赏，非我所敢专，尤非我所敢吝，然必积劳乃可得赏。稍有滥予，不仅不能激励人才，实足以败坏风俗。荐贤不受赏，隐德必及子孙。

国家名器，不可滥予。慎重出之，而后军心思奋，可与图后效而速成功。

天下惟不明白人多疑人，明白人不疑人也。

是非不明，节义不讲，此天下所以乱也。

（以上胡语）

知天之长，而吾所历者短，则遇忧患横逆之来，当少忍以待其定。知地之大，而吾所居者小，则遇荣利争夺之境，当退让以守其雌。知学问之多，而吾所见者寡，则不敢以一得自喜，而当思择善而约守之。知事变之多，而吾所办者少，则不敢以功名自矜，而当思举贤而共图之。夫如是，则自私自满之见，可渐渐蠲除矣。

（以上曾语）

文正公谓居高位以知人晓事为职，且以能知人晓事与否，判别其为君子为小人。虽属有感而发，持论至为正当，并非愤激之说。用人之当否，视乎知人之明昧；办事之才不才，视乎晓事之透不透。不知人则不能用人，不晓事则何能办事？君子小人之别，以能否利人济物为断。苟所用之人，不能称职，所办之事，措置乖方，以致贻误大局，纵曰其心无他，究难为之宽恕者也。昔贤于用人之端，内举不避亲，外举不避仇，其宅心之正大，足以矜式百世。曾公之荐左中堂而劾李次青，不以恩怨而废举劾，名臣胸襟，自足千古。近世名器名位之滥极矣，幸进之途，纷歧杂出。其之用人讲资格，固足以屈抑人才。今之不讲资格，尤未足以激扬清浊。赏不必功，惠不必劳，举不必才，劾不必劣。或今贤而昨劣，或今辱而昨荣。扬之则举之九天之上，抑之则置之九渊之下。得之者不为喜，失之者不为歉。所称为操纵人才策励士气之具，其效力竟以全失。欲图挽回补救，其权操之自上，非吾侪所得与闻。惟吾人职居将校，在一小部分内，于用人一端，亦非绝无几希之权力，既有此权，则应于用人唯贤、循名核实之义，特加之意。能于一小部分，有所裨补，亦足心安理得。

（以上松坡评语）

第八章　仁爱

带兵之道，用恩莫如用仁，用威莫如用礼。仁者，所谓欲立立人，欲达达人是也。待弁兵如待子弟之心，当望其发达，望其成立，则人知恩矣。礼者，所谓无众寡无大小无敢慢泰而不骄也。正其衣冠，尊其瞻视，俨然人望而畏之，威而不猛也。持之以敬，临之以庄，无形无声之际，常有凛然难犯之象，则人知威矣。守斯二者，虽蛮貊之邦行矣，何兵之不可治哉。

吾辈带兵，如父兄之带子弟一般。无银钱，无保举，尚是小事，切不可使之困扰民而坏品行，因嫖赌洋烟而坏身体。个个学好，人人成材，则兵勇感恩，兵勇之父母亦感恩矣。

爱民为治兵第一要义，须日日三令五申，视为性命根本之事，毋视为要结粉饰之文。

（以上曾语）

大将以救大局为主，并以救他人为主。须有嘉善而矜不能之气度，乃可包容一切。觉得胜仗无可骄人，败仗无可忧也。即他人不肯救我，而我必当救人。

必须谆嘱将弁，约束兵丁，爱惜百姓，并随时访查，随时董戒，使营团皆行所无事，不扰不惊，戢暴安良，斯为美备。

爱人当以大德，不以私惠。

军行之处，必须秋毫无犯，团结民心。

长官之于属僚，须扬善公庭，规过私室。

圣贤仙佛，英雄豪杰，无不以济人济物为本，无不以损己利人为正道。

爱人之道，以严为主，宽则心弛而气浮。

自来义士忠臣，于曾经受恩之人，必终身奉事惟谨。韩信为王，而不忘漂母一饭之恩；张苍作相，而退朝即奉事王陵之妻如父母，终身不改。此其存心正大仁厚，可师可法。

（以上胡语）

不慌不忙，盈科后进，向后必有一番同甘滋味出来。

（以上曾语）

带兵如父兄之带子弟一语，最为慈仁贴切。以此存心，则今带兵格言，千言万语，皆可付之一炬。父兄之待子弟，虑其愚蒙无知也，则教之诲之；虑其饥寒苦痛也，则爱之护之；虑其放荡无行也，则惩责之；虑其不克发达也，则培养之。无论为宽为严，为爱为憎，为好为恶，为赏为罚，均出之以至诚无伪，行之以至公无私。如此则弁兵爱戴长上，亦必如子弟爱其父兄矣。

军人以军营为第二家庭，此言殊亲切有味。然实而按之，此第二家庭，较之固有之家庭，其关系之密切，殆将过之。何以故？长上之教育部下也，如师友，其约束督责爱护之也，如父兄。部下之对长上也，其恪恭将事，与子弟之对于师友父兄，殆无异耳。及其同莅战役也，同患难，共死生，休戚无不相关，利害莫不与共。且一经从戎，由常备而续备，由续备而后备，其间年月正长，不能脱军籍之关系。一有战事，即须荷戈以出，为国宣劳。此以情言之耳。国为家之集合体，卫国亦所以卫家，军人为卫国团体之中坚，则应视此第二家庭为重。此以义言之耳。

古今名将用兵，莫不以安民爱民为本。盖用兵原为安民，若扰之害之，是悖用兵之本旨也。兵者民之所出，饷亦出之自民。索本探源，何忍加以扰害？行师地方，仰给于民者岂止一端，休养军队，采办粮秣，征发夫役，采访敌情，带引道路，何一非借重民力！若修怨于民，而招其反抗，是自困也。至于兴师外国，亦不可以无端之祸乱，加之无辜之民，致上干天和，下招怨怼。仁师义旅，决不出此。此海陆战条约所以严掳掠之禁也。

（以上松坡评语）

第九章　勤劳

练兵之道，必须官弁昼夜从事，乃可渐几于熟，如鸡伏卵，如炉炼丹，未可须臾稍离。

天下事未有不由艰苦中得来，而可大可久者也。

百种弊端，皆由懒出。懒则弛缓，弛缓则治人不严，而趣功不敏。一处弛则百处懒矣。

治军之道，以勤为先。身勤则强，逸则病；家勤则兴，懒则衰；国勤则治，怠则乱；军勤则胜，惰则败。惰者暮气也，常常提其朝气为要。

治军以勤字为先，由阅历而知其不可易。未有平日不早起，而临敌忽能早起者；未有平日不习劳，而临敌忽能习劳者；未有平日不能忍饥耐寒，而临敌忽能忍饥耐寒者。吾辈当共习勤劳，始之以愧厉，继之以痛惩。

每日应办之事，积搁过多，当于清早单开本日应了之件，日内了之，如农家早起分派本日之事，无本日不了者，庶几积压较少。

养生之道，莫大于惩忿窒欲，多动少食。

（以上曾语）

军旅之事，非以身先之劳之，事必无补。古今名将，不仅才略异众，亦且精力过人。

将不理事，则兵无不骄纵者；骄纵之兵，无不怯弱者。

凡兵之气，不见仗则弱，常见仗则强。久逸则终无用处，异日则必不可临敌。

兵事如学生功课，不进则退，不战则并不能守。敬姜之言曰：

劳则思，逸则淫。设以数万人顿兵境上，无论古今无此办法，且久逸则筋脉皆弛，心胆亦怯，不仅难战，亦必难守。

淫佚酒色，取败之媒，征逐嬉娱，治兵所戒。金陵围师之溃，皆由将骄兵惰，终日酣嬉，不以贼匪为念。或乐桑中之喜，或恋室家之私，或群与纵酒酣歌，或日在赌场烟馆，淫心荡志，乐极忘疲，以致兵气不扬，御侮无备，全军覆没，皆在宣淫纵欲中来也。夫兵犹火也，不戢自焚；兵犹水也，不流自腐。治军之道，必以苦其心志，劳其筋骨为典法。

（以上胡语）

耐冷耐苦，耐劳耐闲。

立法不难，行法为难，以后总求实实行之，且常常行之。应事接物时，常从人情物理中之极粗极浅处着眼，莫从深处细处看。

身体虽弱，却不宜过于爱惜。精神愈用则愈出，阳气愈提而愈盛。每日做事愈多，则夜间临睡愈快活。若存爱惜精神的意思，将前将却，奄奄无气，绝难成事。

总须脚踏实地，克勤小物，乃可日起而有功。

精神愈用而愈出，不可因身体素弱，过于保惜。智慧愈苦而愈明，不可因境遇偶拂，遽尔摧沮。

不轻进，不轻退。

习劳为办事之本。引用一班能耐劳苦之正人，日久自有大效。

欲去骄字，总以不轻非笑人为第一义。欲去惰字，总以不晏起为第一义。

每日临睡之时，默数本日劳心者几件，劳力者几件，则知宣勤国事之处无多，更宜竭诚以图之。

自古圣贤豪杰，文人才士，其志事不同，而其豁达光明之胸，大略相同。

吾辈既办军务，系处功利场中，宜刻刻勤劳，如农之力穑，如贾之趋利，如篙工之上滩，早作夜思，以求有济。而治事之外，此中却须有一段冲融气象，二者并进，则勤劳而以恬淡出之，最有意味。

用兵最戒骄气惰气。做人之道，亦惟骄惰二字误之最甚。扶危救难之英雄，以心力劳苦为第一义。

（以上曾语）

战争之事，或跋涉冰天雪窟之间，或驰驱酷暑恶瘴之乡，或趁雨雪露营，或昼夜趱程行军。寒不得衣，饥不得食，渴不得水，枪林弹雨之中，血肉横飞，极人世所不见之惨，受恒人所不经之苦。其精神，其体力，非于平时养之有素，练之有恒，岂能堪此。练兵之主旨，以能效命于疆场为归属。欲其效命于疆场，尤宜于平时竭尽手段以修养其精神，锻炼其体魄，娴熟其技艺。临事之际，乃能有恃以不恐。故习劳忍苦，为治军之第一要义。而驭兵之道，亦以使之劳苦，为不二法门。盖人性似猴，喜动不喜静，宜劳不宜逸，劳则思，逸则淫。闲居无所事事，则为不善，此常人恒态。聚数百千血气方刚之少年于一团，苟无所以范其心志，劳其体肤，其不逾闲荡检，溃出堤防之外者，乌可得耶！

（以上松坡评语）

第十章　和辑

祸机之发，莫烈于猜忌，此古今之通病。败国亡家丧身，皆猜忌之所致。诗称：不忮不求，何用不藏？忮求二端，盖妾妇穿窬兼而有之者也。

凡两军相处，统将有一分龃龉，则营哨必有三分，兵夫必有六七分。故欲求和衷共济，自统将先办一副平恕之心始。人之好名，谁不如我？同打仗不可讥人之退缩，同行路不可疑人之骚扰。处处严于治己，而薄于责人，则唇舌自省矣。

敬以持躬，恕以待人。敬则小心翼翼，事无巨细，皆不敢忽。恕则凡事留余地以处人，功不独居，过不推诿。常常记此二字，则长履大任，福祚无量。

湘军之所以无敌者，全赖彼此相顾，彼此相救。虽平日积怨深仇，临阵仍彼此照顾；虽上午口角参商，下午仍彼此救援。

（以上曾语）

军旅之事，以一而成，以二三而败。唐代九节度之师，溃于相州，其时名将如郭子仪、李光弼，亦不能免。盖谋议可资于众人，而决断须归于一将。

古来将帅不和，事权不一，以众致败者，不止九节度使相州一役。

为大将之道，以肯救人固大局为主，不宜炫耀己之长处，尤不宜指摘人之短处。

兵无论多寡，总以能听号令为上。不奉一将之令，兵多必败；能奉一将之令，兵少必强。

（以上胡语）

沅弟谓雪声色俱厉。凡目能见千里而不能自见其睫，声音笑貌之拒人，每苦于不自见，苦于不自知。雪之厉，雪不自知。沉之声色，恐未始不厉，特不自知耳。

（以上曾语）

古人相处，有愤争公庭而言欢私室，有交哄于平昔而救助于疆场，盖不以公而废私，复不以私而害公也。人心之不同如其面，万难强之使同，驱之相合，则睚眦之怨、芥蒂之隙，自所难免。惟于公私之界，分得清，认得明，使之划然两途，不相混扰，则善矣。发捻之役，中日之役，中法之役，列将因争意气而致败绩者，不一而足，故老相传，言之凿凿。从前握兵符者，多起自行间，罔知大体，动以意气用事，无怪其然。今后一有战役，用兵必在数十万以上。三十数镇之师，情谊夙不相孚，言语亦多隔阂，统驭调度之难，盖可想见。苟非共矢忠诚，无猜无贰，或难免不蹈既往之覆辙。欲求和衷共济，则惟有恪遵先哲遗言，自统将先办一副平恕之心始，功不独居，乃可以言破敌。

（以上松坡评语）

第十一章　兵机

前此为赴鄂救援之行，不妨仓卒成军。近日为东下讨贼之计，必须简练慎出。若不教之卒，窳败之械，则何地无之？而必远求之湖南？等于辽东自诩之豕，仍同灞上儿戏之军。故此行不可不精选，不可不久练。

兵者阴事也，哀戚之意，如临亲丧，肃敬之心，如承大祭，故军中不宜有欢欣之象。有欢欣之象者，无论或为和悦，或为骄盈，终归于败而已矣。田单之在即墨，将军有必死之心，士卒无生还之气，此其所以破燕也。及其攻狄也，黄金横带，有生之乐，无死之心，鲁仲连策其必不胜，兵事之宜惨戚，不宜欢欣，亦明矣。

此次由楚省招兵东下，必须选百炼之卒，备精坚之械。舟师则船炮并富，陆路则将卒并愤，作三年不归之想，为百战艰难之行，岂可儿戏成军，仓促成行？人尽乌合，器多苦窳，船不满二百，炮不满五百，如大海簸豆，黑子著面，纵能速达皖省，究竟于事何补？是以鄙见总须战舰二百号，又补以民船载七八百，大小炮千余位，水军四千，陆军六千，夹江而下，明年成行，始略成气候。否则名为大兴义旅，实等矮人观场，不直方家一哂。

夫战，勇气也，再而衰，三而竭。国藩于此数语，常常体念。大约用兵无他妙巧，当存有余不尽之气而已。孙仲谋之攻合肥，受创于张辽，诸葛武侯之攻陈仓，受创于郝昭，皆初气过锐，渐就衰竭之故。惟荀蓓之破逼阳，气已竭而后振，陆抗之拔西陵，预料城之不遽下，而蓄养锐气，先备外援，以待内之自毙，此善于用气者也。

日中则昃，月盈则亏，故古诗花未全开月未圆之句，君子以为知道。故余治兵以来，每介疑胜疑败之际，战兢恐惧，上下悚惧者，其后常得大胜。当志得意满之候，各路云集，狃于屡胜，将卒矜慢，其后常有意外之失。

国家之强，以得人为强，所谓无竞惟人也。若不得其人，则羽毛未丰，亦似难以高飞。昔在宣宗皇帝，亦尝切齿发愤，屡悔和议，而主战守，卒以无良将帅，不获大雪国耻。今欲罢和主战，亦必得三数引重致远、折冲御侮之人以拟之。若仅区区楚材，目下知名之数人，则干将莫邪，恐未必不终刓折。且聚数太少，亦不足以分布海隅。用兵之道，最忌势穷力弱四字。力则指将士之精力言之，势则指大局大计及粮饷之接续、人才之继否言之。能战，虽失算亦胜；不能战，虽胜算亦败。

悬军深入而无后继，是用兵大忌。

危急之际，尤以全军保全士气为主。孤军无助，粮饷不继，奔走疲惫，皆散乱必败之道。

（以上曾语）

有不可战之将，无不可战之兵；有可胜不可败之将，无必胜必不胜之兵。

古人行师，先审己之强弱，不问敌之强弱。

兵事决于临机，而地势审于平日，非寻常张皇幽渺可比。

军事有先一着而胜者，如险要之地，先发一军据之，此必胜之道也。有最后一着而胜者，待敌有变，乃起而应之，此必胜之道也。至于探报路径，则须先期妥实办理。兵事之妙，古今以来，莫妙于拊其背、冲其腰、抄其尾，惟须审明地势敌情。

先安排以待敌之求战，就后起而应之，乃必胜之道。盖敌求战而我以静制动，以逸待劳，以整御散，必胜之道也。此意不可拘执，未必全无可采。

临阵之际，须以万人并力，有前有后，有防抄袭之兵，有按捺不动以应变之兵，乃是胜着。如派某人守候，不应期而进，便是违令；应期而不进，便是怯战。此则必须号令严明者也。徇他人之意，以前为美，以后为非，必不妥矣。

夹击原是上策，但可密计而不可宣露，须并力而不宜单弱，须谋定后战，相机而行，而不可或先或后。

不轻敌而慎思，不怯战而稳打。

兵分则力单，穷进则气散，大胜则变成大挫，非知兵者也，不可不慎。敬则胜，整则胜，和则胜。三胜之机，决于是矣。

我军出战，须层层布置，列阵纵横，以整攻散，以锐蹈瑕，以后劲而防抄袭。临阵切戒散队，得胜尤忌贪财。

熟审地势敌情，妥谋分击之举，或伺敌之缺点，蹈瑕而入；或趋敌之重处，并力而前，皆在相机斟酌。惟临阵，切忌散队，切戒贪财。得胜之进，尤宜整饬队伍，务求痛杀。军务只应以一处合围以致敌，其余尽作战兵援兵兜剿之兵。若处处合围，则兵力皆为坚城所牵缀。顿兵坚城之下，则情见势绌。

用兵之道，全军为上策，得土地次之；破敌为上策，得城池次之。古人必四路无敌，然后围城，兵法所谓十则围之之义也。

兵事有须先一着者，如险要之地，以兵据之，先发制人，此为扼吭之计，必胜之道也。有须后一着者，愈持久愈神妙，愈老到愈坚定，待敌变计，乃起而乘之，此可为奇兵而拊其背，必胜之道也。

一年不得一城，只要大局无碍，并不为过；一月而得数城，敌来转不能战，则不可为功。

军队分起行走，相隔二日，每起二千人。若前队遇敌先战，非必胜之道也。应于近敌之处，饬前茅、后劲、中权会齐并力，乃可大胜。

临阵分枝，不嫌其散；先期合力，必求其厚。

荀悦之论兵也，曰："权不可预设，变不可先图，与时迁移，随物变化。"诚为用兵之至要。

战阵之事，恃强者是散机，敬戒者是胜机。

军旅之事，谨慎为先；战阵之事，讲习为上。盖兵机至精，非虚心求教，不能领会，矧可是己而非人？兵机至活，非随时谨密，不能防人，矧可粗心而大意？

侦探须确，须勤，须速，博访以资众论，沉思以审敌情。敌如不分枝，我军必从其入境之处，并力迎剿；敌如分枝，则我军必于敌多之处专剿。

（以上胡语）

凡善弈者，每于棋危劫急之时，一面自救，一面破敌，往往因病成妍，转败为功。善用兵者亦然。

（以上曾语）

平日千言万语，千算万计，而得失仍只争临阵须臾之顷。凡奇谋至计，总在平实处，如布帛菽粟之类，愈近浅易，愈广大而精微也。凡事过于求好，转多不妥之处。

（以上胡语）

凡危急之时，只有在己者靠得住，其在人者皆不可靠。恃之以守，恐其临危而先乱；恃之以战，恐其猛进而骤退。

凡用兵须蓄不竭之气，留有余之力。

（以上曾语）

曾胡之论兵，极主主客之说。谓守者为主，攻者为客，主逸而客劳，主胜而客败，尤戒攻坚围城。其说与普法战争前法国兵学家所主张者殆同（其时俄土两国亦盛行此说）。其论出师前之准备，宜十分周到。谓一械不精不可轻出，势力不厚不可成行，与近今之动员准备，用意相合。其以全军破敌为上，不以得土地城池为意，所见尤为精到卓越，与东西各国兵学家所倡导者如出一辙。临阵分枝宜散，先期合力宜厚二语，尤足以赅括战术战略之精妙处。临阵分枝者，即分主攻助攻之军，及散兵援队预备队之配置等是也。先期合力者，即战略上之聚中展开，及战术上之开进等是也。所论诸端，皆从实行后经验中得来，与近世各国兵家所论，若合符节。吾思先贤，不能不馨香崇拜之矣。

（以上松坡评语）

第十二章　战守

凡出队有宜速者，有宜迟者。宜速者我去寻敌，先发制人者也。宜迟者，敌来寻我，以主待客者也。主气常静，客气常动，客气先盛而后衰，主气先微而后壮。故善用兵者，每喜为主，不喜作客。休祁诸军，但知先发制人一层，不知以主待客一层，加之探报不实，地势不察，敌情不明，徒能先发而不能制人。应研究此两层，或我寻敌，先发制人，或敌寻我，以主待客。总须审定乃行，切不可于两层一无所见，贸然出队。

师行所至之处，必须多问多思。思之于己，问之于人，皆好谋之实迹也。昔璞山带兵，有名将风，每与敌遇，将接仗之前一夕，传各营官齐集，与之畅论敌情地势，袖中出地图十余张，每人分给一张，令诸将各抒己见，如何进兵，如何分支，某营埋伏，某营并不接仗，待事毕后，专派追剿。诸将一一说毕，璞山乃将自己主意说出，每人发一传单，即议定主意也。次日战罢，有与初议不符者，虽有功亦必加罚。其平日无事，每三日必传各营官熟论战守之法。

一曰扎营宜深沟高垒。虽仅一宿，亦须为坚不可拔之计，但使能守我营垒，安如泰山，纵不能进攻，亦无损于大局。一曰哨探严明。离敌既近，时时作敌来扑营之想，敌来之路，应敌之路，埋伏之路，胜仗追击之路，一一探明，切勿孟浪。一曰痛除客气。未经战阵之兵，每好言战，带兵者亦然。若稍有阅历，但觉我军处处瑕隙，无一可恃，不轻言战矣。

用兵以渡水为最难，不特渡长江大河为难，即偶渡渐车之水，丈二之沟，亦须再三审慎，恐其半渡而击，背水无归，败兵争舟，人马践溺，种种皆兵家所忌。

隘路打胜仗，全在头敌，若头敌站脚不住，后面虽有好手，亦被挤退。

（以上曾语）

战守机宜，不可纷心，心纷则气不专，神不一。

交战宜持重，进兵宜迅速，稳扎猛打，合力分枝，足以括用兵之要。

军旅之事，守于境内，不如战于境外。

军事之要，必有所忍，乃能有所济；必有所舍，乃能有所全。若处处设备，即十万兵亦无尺寸之效。

防边之要，不可处处设防。若处处设防，兵力必分，不能战亦不能守，惟择其紧要必争之地，厚集兵力以守之，便是稳固。

硐卡之设，原所以省兵力，予地方官以据险慎守之方。有守土而无守之之人，虽天堑不能恃其险；有守人而无守具，虽贲、获无所展其长。

有进战之营，必须留营作守。假如以十营作前茅为战兵，即须留五营作后劲为守兵。其留后之兵，尤须劲旅，其成功一也，不可争目前之微功而误大局。

有围城之兵，须先另筹打仗之兵。有临阵打仗之兵，必须安排劲旅，或预杜抄后之敌，或备策应之举。

扼要立营，加高加深，固是要着。惟须约束兵丁，不得滋扰。又须不时操练，使步法整齐，技艺精熟，庶战守皆能有备。

（以上胡语）

右揭战守之法，意括而言赅。曰攻战，曰守战，曰遭遇战，曰局地战，以及防边之策，攻城之术，无不独具卓识，得其要诀。虽以近世战术之日新月异，而大旨亦不外是。其论夜间宿营，亦须深沟高垒，为坚不可拔之计，则防御之紧严，立意之稳健，尤为近世兵家所不及道者也。（按：咸同时战争两方，多为不规则之混战，来去飙倏，不可端倪，故扎营务求坚固以防侵袭。）曾胡论兵，极重主客之见。只知守则为主之利，不知守反为主之害。盖因其时所对之敌，并非节制之师、精练之卒，且其人数常倍于我，其兵器未有今日之发达，又无骑炮两兵之编制，耳目不灵，攻击力复甚薄弱。故每拘泥于地形地物，攻击精神未由奋兴。故战术偏重于攻击防御，盖亦因时制宜之法。近自普法日俄两大战役以后环球之耳目一新，攻击之利，昭然若揭。各国兵学家，举凡战略战术，皆极端的主张攻击。苟非兵力较弱，或地势敌情有特别之关系，无复有以防守为计者矣。然战略战术须因时以制宜，审势以求当，未可稍事拘滞。若不揣其本，徒思仿效于人，势将如跛者之竞走，鲜不蹶矣。兵略之取攻势，固也。必须兵力雄厚，士马精炼，军资（军需器械）完善，交通利便，四者均有可恃，乃足以操胜算。四者之中，偶缺其一，贸然以取攻势，是曾公所谓徒先发而不能制人者也。普法战役，法人国境之师，动员颇为迅速，而以兵力未能悉集，军资亦虞缺乏，遂致着着落后，陷于防守之地位。日俄之役，俄军以交通线仅恃一单轨铁道，运输不继，遂屡为优势之日军所制，虽迭经试取攻势，终归无效。以吾国军队现势论，其数则有二十余镇之多，然续备后备之制尚未实行。每镇临战，至多不过得战兵五千。须有兵力三镇以上，方足与他一镇之兵力相抗衡。且一有伤亡，无从补充。是兵力一层，决难如邻邦之雄厚也。今日吾国军队，能否说到精炼二字，此稍知军事者自能辨之。他日与强邻一相角逐，能否效一割之用，似又难作侥幸万一之想。至于军资交通两端，更瞠乎人后。如此而曰吾将取战略战术上最有利益之攻势，乌可得耶？鄙意我国数年之内，若与他邦以兵戎相见，与其为孤注一掷之举，不如采用波亚战术，据险以守，节节为防，以全军而老敌师为主，俟其深入无继，乃一举而歼除之。昔俄人之蹴拿破仑于境外，使之一蹶不振，可借鉴也。

（以上松坡评语）

第十三章　治心

治心治身，理不必太多，知不可太杂，切身日夕用得着的，有过一两句，所谓守约也。

凡沉疴在身，而人力可以自为主持者，约有二端：一曰以志帅气，一曰以静制动。人之疲惫不振，由于气弱。而志之强者，气亦为之稍变。如贪早睡，则强起以兴之；无聊赖，则端坐以凝之。此以志帅气之说也。久病虚怯，则时时有一畏死之见憧扰于胸中，即梦魂亦不甚安恬。须将生前之名，身后之事，与一切妄念，扫除净尽，自然有一种恬淡意味，而寂定之余，真阳自生。此以静制动之法也。

外境之迕，未可滞滤，置而遣之，终履夷涂。

心欲其定，气欲其定，神欲其定，体欲其定。

古之成大事者，规模远大与综理密微，二者缺一不可。

兄自问近年得力，惟有悔字诀。兄昔年自负本领甚大，可屈可伸，可行可藏，又每见人家不是。自从丁巳戊午大悔大悟之后，乃知自己全无本领，凡事都见得人家有几分是处。故自戊午至今九载，与四十岁以前，迥不相同。大约以能立能达为体，以不怨不尤为用。立者发奋自强，站得住也；达者办事圆融，行得通也。

不为圣贤，便为禽兽。莫问收获，但问耕耘。

古人办事，掣肘之处，拂逆之端，世世有之，人人不免。恶其拂逆，而必欲顺从，设法以诛锄异己者，权奸之行径也。听其拂逆，而动心忍性，委曲求全，且以无敌国外患而亡为虑者，圣贤之用心也。借人之拂逆，以磨砺我之德性，其庶几乎！

与胡中丞商江南军事，胡言凡事皆须精神贯注，心有二用则必不能有成。余亦言军事不日进则日退，二人互许为知言。

研几工夫最要紧。颜子之有不善，未尝不知，是研几也。周子曰：几善恶。《中庸》曰：潜虽伏矣，亦孔之昭。刘念台曰：卜动念以知几，皆谓此也。失此不察，则心放而难收矣。

诵养气章，似有所会，愿终身私淑孟子，虽造次颠沛，皆有孟夫子在前，须臾不离，或到死之日，可以仰希万一。

神明则如日之升，身体则如鼎之镇，此二语可守者也。惟心到静极时，所谓未发之中，寂然不动之体，毕竟未体验出真境意来者，只是闭藏之极，逗出一点生意来。如冬至一阳初动时乎。贞之固也，乃所以为元也；蛰之坏也，乃所以为启也；谷之坚实也，乃所以为始播之种子也。然则不可以为种子者，不可谓之坚实之谷也。此中无满腔生意，若万物皆资始于我心者，不可谓之至静之境也。然则静极生阳，盖一点生物之仁心也，息息静极，仁心之不息，其参天两地之至诚乎。颜子三月不违，亦可谓洗心退藏，极静中之真乐者矣。

我辈求静，欲异乎禅氏入定，冥然罔觉之旨，其必验之此心，有所谓一阳初动，万物资始者，庶可谓之静极，可谓未发之中寂然不动之体也。不然，深闭固拒，心如死灰，自以为静，而生理或几乎息矣，况乎其不能静也？有或扰之，不且憧憧往来乎？深观道体，盖阴先于阳信矣，然非实由体验得来，终掠影之谈也。

自戒惧而约之，以至于至静之中，虽少偏倚，而其守不失，则极其中而天地位，此绵绵者，由动以之静也。自谨独而精之，以至于应物之处，无少差谬，而无适不然，则极其和而万物育，此穆穆者，由静以之动也。

天行健，君子以自强不息；地势坤，君子以厚德载物。颐，君子以慎言语，节饮食；损，君子以惩忿窒欲；益，君子以见善则迁，有过则改；鼎，君子以正位凝命。此六卦之大象，最切于人。颐以养身养德，鼎以养心养肾，尤为切要。

读书之道，朝闻道而夕死，殊不易易。闻道者必真知而笃信之，吾辈自己不能自信，心中已无把握，焉能闻道。

余生平略述先儒之书，见圣贤教人修身，千言万语，而要以不忮不求为重。忮者，嫉贤害能，妒功争宠，所谓怠者不能修，忌者畏人修之类也。求者，贪利贪名，怀土怀惠，所谓未得患得，既得患失之类也。忮不常见，每发露于名业相侔势位相埒之人；求不常见，每发露于货财相接，仕进相妨之际。

欲求造福，先去忮心，所谓人能充无欲害人之心，而仁不可胜用也。将欲立品，先去求心，所谓人能充无穿窬之心，而义不可胜用也。忮不去，满怀皆是荆棘；求不去，满腔日即卑污。余于此二者，常加克治，恨尚未能扫除净尽。尔等欲心地干净，宜于此二者，痛下工夫，并愿子孙世世戒之。附作忮求诗二首录左：

善莫大于恕，德莫凶于妒。妒者妾妇行，琐琐奚比数！己拙忌人能，己塞忌人遇。己若无事功，忌人得成务，己若无党援，忌人得多助。忌位苟相敌，畏逼又相恶。己无好闻望，忌人文名著；己无贤子孙，忌人后嗣裕。争名日夜奔，争利东西骛。但期一身荣，不惜他人污。闻灾或欣幸，闻祸或悦豫，问渠何以然？不自知其故！尔室神来格，高明鬼所顾。天道常好还，嫉人还自误。幽明丛诟忌，乖气相倚伏，重者戕汝躬，轻亦减汝祚。我今告后生，悚然大觉悟。终身让人道，曾不失寸步。终身祝人善，曾不损尺布。消除嫉妒心，普天零甘露，家家获吉祥，我亦无恐怖。（右不忮）

知足天地宽，贪得宇宙隘。岂无过人姿，多欲为患害。在约每思丰，居困常求泰，富求千乘车，贵求亏钉带。未得求速赏，既得求勿坏。芬馨比椒兰，磐固方泰岱。求荣不知厌，志亢神愈忲。岁燠有时寒，日明有时晦。时来多善缘，运去生灾怪。诸福不可期，百殃纷来会。片言动招尤，举足便有碍。戚戚抱殷尤，精爽日凋瘵。矫首望八荒，乾坤一何大。安荣无遽欣，患难无遽憨。君看十人中，八九无倚赖。人穷多过我，我穷犹可耐。而况处夷涂，奚事生嗟气？于世少所求，俯仰有余快。俟命堪终古，曾不愿乎外。（右不求）

日课四条：

一曰慎独则心安。自修之道，莫难于养心。心既知有善，知有恶，而不能实用其力，以为善去恶，则谓之自欺。方寸之自欺与否，盖他人所不及知，而己独知之。故《大学》之诚意章，两言慎独。果能好善如好好色，恶恶如恶恶臭，力去人欲以存天理，则《大学》之所谓自慊，《中庸》之所谓戒慎恐惧，皆能切实行之。即曾子之所谓自反而缩，孟子之所谓仰不愧、俯不怍，所谓养心莫善于寡欲，皆不外乎是。故能慎独，则内省不疚，可以对天地，质鬼神，断无行有不慊于心则馁之时。人无一内愧之事，则天君泰然，此心常快足宽平，是人生第一自强之道，第一寻乐之方，守身之先务也。

二曰主敬则身强。敬之一字，孔孟持以教人，春秋士大夫亦常言之。至程、朱则千言万语，不离此旨。内而专静纯一，外而整齐严肃，敬之工夫也。出门如见大宾，使民如承大祭，敬之气象也。修己以安百姓，笃恭而天下平，敬之效验也。程子谓上下一于恭敬，则天地自位，万物自育，气无不和，四灵毕至，聪明睿智，皆由此出，以此事天飨帝，盖谓敬则无美不备也。吾谓敬字切近之效，尤在能固人饥肤之会，筋骸之束。庄敬日强，安肆日偷，皆自然之征应。虽有衰年病躯，一遇坛庙祭献之时，战阵危急之际，亦不觉神为之悚，气为之振，斯足知敬能使人身强矣。若人无众寡，事无大小，一一恭敬，不敢懈慢，则身体之强健，又何疑乎？

三曰求仁则人悦。凡人之生，皆得天地之理以成性，得天地之气以成形。我与民物，尤大本同出一源，若但知私己，而不知仁民爱物，是于大本一源之道，已悖而失之矣。至于尊官厚禄，高居人上，则有拯民溺救民饥之责。读书学古，粗知大义，即有觉后知觉后觉之责。若但知自了，而不知教养庶汇，是于天之所以厚我者，辜负甚大矣。孔门教人，莫大于求仁，而其最切者，莫要于欲立立人、欲达达人数语。立者自立不惧，如富人百物有余，不假外求；达者四达不悖，如贵人登高一呼，群山四应。人孰不欲己立己达，若能推以立人达人，则与物同春矣。后世论求仁者，莫精于张子之《西铭》。彼其视民胞物与，宏济群伦，皆事天者性分当然之事。必如此，乃可谓之人，不如此，则曰悖德，曰贼。诚如其说，则虽尽立天下之人，尽达天下之人，而曾无善劳之足言，人有不悦而归之者乎？

四曰习劳则神钦。凡人之情，莫不好逸而恶劳，无论贵贱智愚老少，皆贪逸而惮于劳，古今之所同也。人一日所著之衣，所进之食，与一日所行之事，所用之力相称，则旁人韪之，鬼神许之，以为彼自食其力也。若农夫织妇，终岁勤动，以成数石之粟，数尺之布；而富贵之家，终岁逸乐，不营一业，而食必珍馐，衣必锦绣，酣豢高眠，一呼百诺。此天下最不平之事，鬼神所不许也。其能久乎？古之圣君贤相，若汤之昧旦丕显，文王日昃不遑，周公夜以继日，坐以待旦，盖无时不以勤劳自励。《无逸》一篇，推之于勤则寿考，逸则夭亡，历历不爽。为一身计，则必操习技艺，磨炼筋骨，困知勉行，操心危虑，而后可以增智慧而长才识。为天下计，则必己饥己溺，一夫不获，引为余辜。大禹之周乘四载，过门不入；墨子之摩顶放踵，以利天下，皆极俭以奉身，而极勤以救民。故荀子好称大禹、墨翟之行，以其勤劳也。军兴以来，每见人有一才一技，能耐艰苦者，无不见用于人，见称于时；其绝无才技，不惯作劳者，皆唾弃于时，饥冻就毙。故勤则寿，逸则夭；勤则有才而见用，逸则无能而见弃；勤则博济斯民，而神祇钦仰；逸则无补于人，而神鬼不歆。是以君子欲为人神所凭依，莫大于习劳也。

（以上曾语）

出 品 人：许　永
责任编辑：许宗华
特邀编辑：黎福安
封面设计：海　云
内文制作：万　雪
印制总监：蒋　波
发行总监：田峰峥

投稿信箱：cmsdbj@163.com
发　　行：北京创美汇品图书有限公司
发行热线：010-59799930